Christliche Magie der Azteken

Samael Aun Weor

Verlag Heliakon

Verlag Heliakon

Übersetzung aus dem Spanischen
Original Titel: Magia Cristica Azteca
Übersetzer: Osmar Henry Syring

Umschlaggestaltung und Illustrationen: Verlag Heliakon

Druck und Vertrieb: BoD – Books on Demand

Titelbild: Verlag Heliakon (Quetzalcoatl)

www.verlag-heliakon.de
info@verlag-heliakon.de

ISBN: **978-3-943208-09-2**

Die Deutsche Nationalbibliothek verzeichnet diese Publikation in der Deutschen Nationalbibliografie; detaillierte bibliografische Daten sind im Internet über www.dnb.de abrufbar.

Inhaltsverzeichnis

In der Vorhalle des Heiligtums

Liebe Suchende nach der Wahrheit:

Sie werden mit einem Kurs der hohen Magie beginnen. Sie werden den Weg der grossen antiken Mysterien beschreiten. Wir werden vor Ihnen den Schleier des Allerheiligsten des Tempels lüften. Wir werden Ihnen die Geheimnisse der aztekischen Magier übergeben.

Sie müssen mit aller Geduld unseren vollständigen Kurs studieren. Diese Monografie ist sehr einfach, aber beim Fortschreiten Ihrer Studien werden Sie die tiefere Weisheit finden. Bleiben Sie beharrlich und warten Sie ab. Studieren Sie und üben Sie. Die neunte Stunde erwartet Sie. Nehmen Sie sich vor, auf diesem Weg beim Tempel der kosmischen Einweihung anzukommen. *Das Reich erstreiten sich die Mutigen.*

Monografie Nr.1

Was noch nie erklärt wurde

Und Gott der Herr pflanzte einen Garten in Eden gegen Osten hin und setzte den Menschen hinein, den er gemacht hatte. Und Gott der Herr ließ aufwachsen aus der Erde allerlei Bäume, verlockend anzusehen und gut zu essen, und den Baum des Lebens mitten im Garten und den Baum der Erkenntnis des Guten und Bösen. (1.Mose 2, V.8-9)

Eden ist die Sexualität selbst. In Eden befinden sich die beiden Bäume; der Baum des Lebens und der Baum der Erkenntnis von Gut und Böse. Der Baum des Lebens ist die Wirbelsäule. Der Baum der Erkenntnis von Gut und Böse ist die sexuelle Kraft.

Und Gott der Herr gebot dem Menschen und sprach: Du darfst essen von allen Bäumen im Garten, aber von dem Baum der Erkenntnis des Guten und Bösen sollst du nicht essen; denn an dem Tage, da du von ihm issest, musst du des Todes sterben. (1.Mose 2, V.16-17)

Ein riesiger Strauß aus Schwertlilien und roten Blumen steckte in einem silbernen Krug, und auf einem kleinen indischen Altar voller Hostienkelche aus Gold und Bronze, erhob sich eine kleine und seltsame Statue, eine Art androgyne Göttin mit zarten Armen, einem wohlgeformten Körper, untersetzten Hüften, dämonisch und bezaubernd, geschnitzt aus reinstem schwarzen Onyx, und vollkommen nackt. Zwei in ihre Augenlider eingelegte Smaragde glänzten in außergewöhnlicher Weise und zwischen den wohlgeformten Oberschenkeln am Unterleib, am Sexus, sah man spöttisch und bedrohlich, einen kleinen Totenschädel.

Mann und Frau wurden geboren, um sich zu lieben. *Darum wird ein Mann seinen Vater und seine Mutter verlassen und seinem Weibe anhangen, und sie werden sein ein Fleisch.* (1.Mose 2, V.24-25)

Und sie waren beide nackt, Adam und sein Weib, und schämten sich nicht, weil sie noch nicht von der verbotenen Frucht gegessen hatten, welche eine Lust für die Augen und angenehm im Geschmack ist.

Diese verbotene Frucht ist die Sexualität. Aber die Schlange des sexuellen Instinkts war listig und sagte der Frau: *Ja, sollte Gott gesagt haben: Ihr sollt nicht essen von allen Bäumen im Garten? Da sprach das Weib zu der Schlange: Wir essen von den Früchten der Bäume im Garten; aber von den Früchten des Baumes mitten im Garten hat Gott gesagt: Esset nicht davon, rühret sie auch nicht an, dass ihr nicht sterbet!* Da verführte die Schlange des sexuellen Instinktes die Frau, indem sie sagte: *Ihr werdet keineswegs des Todes sterben, sondern Gott weiß: An dem Tage, da ihr davon esset, werden eure Augen aufgetan, und ihr werdet sein wie die Götter und wissen, was gut und böse ist.* (1.Mose 3, V.1-5)

In Eden waren die menschlichen Wesen unschuldig, da sie noch keine Unzucht getrieben hatten. Die Männer und Frauen von Eden aßen die Früchte vom Baum des Lebens und die vier Flüsse der reinen Wasser des Lebens nährten die Wurzeln der Bäume des Gartens. Die Männer und Frauen von Eden genossen die Kostbarkeiten der Liebe in den tiefen Wäldern eines alten Kontinents, den sie Lemurien nannten.

Und das Weib sah, dass von dem Baum gut zu essen wäre und dass er eine Lust für die Augen wäre und verlockend, weil er klug machte. Und sie nahm von der Frucht und aß und gab auch ihrem Mann, der bei ihr war, auch davon, und er aß.

Da wurden ihnen beiden die Augen aufgetan, und sie wurden gewahr, dass sie nackt waren, und flochten sich Feigenblätter zusammen und machten sich Schurze. (1.Mose 3, V.6-7)

So trieben sie Unzucht und Gott Jehova warf sie aus dem Garten Eden hinaus. Und er trieb den Menschen hinaus und ließ lagern vor dem Garten Eden die Cherubim mit dem flammenden, blitzenden Schwert, zu bewachen den Weg zum Baum des Lebens. (1.Mose 3, V.24)

Der Mensch verlor seine göttlichen Fähigkeiten, als er das sechste Gebot des göttlichen Gesetzes übertrat, das besagt: *Du sollst nicht Unzucht treiben.*

In den alten Zeiten waren Männer und Frauen wahre Magier und hatten Macht über das Feuer der Vulkane, über den Wind und die Wirbelwinde, über die Meeresstürme und über die großen Erdbeben. Als der Mensch Unzucht trieb, musste er unter Schmerzen arbeiten, verlor seine göttlichen Fähigkeiten und dieses Tal der Bitternis brachte ihm Disteln und Dornen.

Früher, als der Mensch Eden noch nicht verlassen hatte, wurde der sexuelle Akt nur auf dem Gelände der Mysterientempel ausgeführt, unter der Anleitung der Engel. So wurden reine Männer und Frauen in den dichten Wäldern Lemuriens geboren.

Übung

Legen Sie sich auf den Rücken, entspannen alle Muskeln Ihres Körpers und lassen Sie den Verstand ruhig werden. Sie sollen dreißig Minuten lang absolut gar nichts denken, sechs Tage der Woche, zur selben Uhrzeit, vor dem Einschlafen.

Der Meister

Monografie Nr. 2

Was die Nahuas in den geheimen Tempeln lehrten

Quetzalcoatl war der toltekische Gott des Windes, der dritte Sohn des göttlichen Paares, Ometecuhtli-Omecihuatl, des Herrn und der Herrin der Dualität. Man stellte ihn mit einem silbernen Gewand wie die Strahlen von Selene dar, mit einer halben Linie auf der Brust, bedeckt mit der heiligen Maske; in der linken Hand das Chimalli-Schild, auf das man das Symbol des Morgensternes zeichnete und in der rechten Hand das Macuahutl für den Kampf.

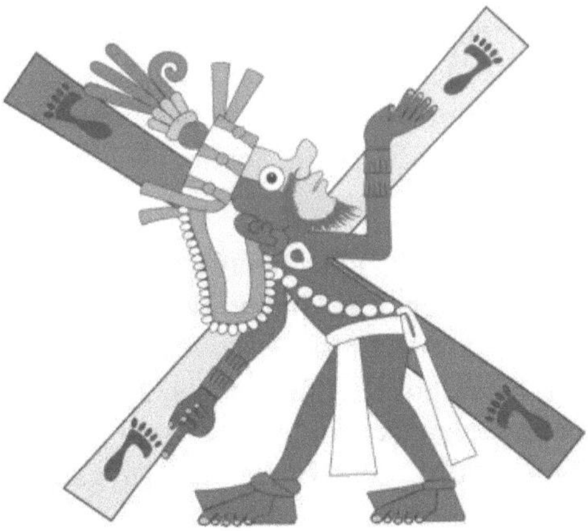

In einer anderen Darstellungsweise erscheint diese Gottheit inmitten der Wolken wie der Morgenstern. Er trägt nur einen Gürtel um die Taille und auf dem Rücken einen Leinenstoff mit zwei gleicharmigen Kreuzen, und auf einer seiner Hieroglyphen erscheint er mit scheibenförmigem Kopf und Ohrklappen, scheibenförmigem Bart an der Nase und dreifachen Scheiben auf den Wangen, in deren Mitte man zwei maltesische Kreuze zeichnete.

Quetzalcoatl ist der kosmische Christus der Nahuas, der im Jahr Ce Acatl (895 christlicher Zeitrechnung) im Hause von Iztac Mixcoatl und Chimalmatl geboren wurde. Von Natur mystisch und streng, begann er in sehr jungen Jahren zu fasten und Buße zu tun.

Mit 30 Jahren wurde er zum Hohenpriester und Monarchen von Tollán (Tula, im Staat Hidalgo) ernannt. Eine andere toltekische Geschichte erzählt: Verbannt aus seiner Heimat kehrte er nach vielen Jahren zu ihr zurück, und brachte aus fernen Ländern eine sehr fortschrittliche Zivilisation und eine monotheistische Religion der Liebe für alle Menschen mit. Eine andere dieser Chroniken besagt: Er kam nach Tollán über Pánuco, er kam übers Meer auf einem Holz, war hellhäutig und bärtig und trug eine fellartige weiße Tunika mit kleinen roten Kreuzen.

Als Lehrer stellten ihn die Nahuas mit einer goldenen Mitra dar, aus Tigerpfoten und Quetzallifedern geformt, einem prächtig verzierten Chorhemd und Ohrgehängen aus Türkis, einem goldenen Collier, an dem winzige und kostbare Meeresmuscheln hängen, einem Umhang aus Quetzallifedern, die Feuerflammen darstellen und Cactli-Schühchen aus Tigerfell, von deren weiten Riemen, die sich überkreuzend bis über die Knie hinaufreichen, kleine Meeresmuscheln hängen; in der linken Hand Schilde mit fünfzackigem Stern in der Mitte und in der rechten ein goldenes Zepter mit Edelsteinen.

Er lehrte sie die Erde zu bebauen, die Tiere in Klassen einzuteilen, Edelsteine zu schleifen, das Gießen der Metalle, die Goldschmiedekunst und die Töpferkunst. Er lehrte sie Astronomie und den Umgang mit dem Kalender. Er verbot Kriege und das Opfern von Menschen und Tieren; die Opfer mussten aus Brot, Blumen und Copalli-Harz bestehen. Er verbot den Selbstmord, den Raub, die Polygamie und alles Üble zwischen den Menschen.

In Tollán gründete er einen Mysterientempel mit vier großen Tempelsälen, der erste war aus Zedernholz mit Verzierungen aus Meeresmuscheln, und der Vierte aus Zedern mit Verzierungen aus Quetzallifedern.

In diesen beteten er und seine Schüler, sie fasteten und taten Buße.

Er sprach zu ihnen von Ipalnemohuani (jener, durch den wir leben), von der Schöpfung der Welt, der Sintflut, von Christus und seinem Evangelium, der Taufe, der Beschneidung und dem Kreuz, dem Symbol der Unsterblichkeit des Lebens und der Erlösung des menschlichen Geschlechtes, und empfahl ihnen, es auf den Altären der Tempel und in ihren Heimen zu benützen. Er gab den Orten, Bergen und Tälern Namen.

Er war ein göttlicher Lehrer und wurde von eben denen abgelehnt und verfolgt, zu denen er gekommen war, um sie zu lehren, wie man liebt und wie man lebt. Sie verfolgten ihn und er fand auf seiner Flucht nach Tollán einige Zeit Zuflucht in Teotihuacan (Ort der Anbetung), wo er einen offenen Tempel hinterlassen hat, an dessen Altar die Meister das Selbstopfer und die feierliche Zeremonie des neuen Feuers abhielten.

Der Altar dieses Tempels ist mit Schlangenköpfen geschmückt, die aus dem Kelch einer Blüte hervorkommen und Quetzalcoatl symbolisch darstellen, wie er in die atomaren Abgründe des Menschen gefallen ist. Die weißen Muscheln und roten Schnecken, die sie verzieren, sind das Emblem des ersten Ursprungs der Gottheit.

Von Teotihuacan ging er nach Cholula, wo er 20 Jahre lebte, aber erneut von dort wegen des Krieges fliehen musste.

Mit vier seiner Schüler wandte er sich nach Coatzacoalcos, und die Annalen berichten, dass er ein Floß baute, sich mit ihm aufs Meer begab und verschwand. Aber zuvor sagte er ihnen, dass sie sicher sein könnten, dass weiße und bärtige Männer wie er von Osten übers Meer kommen würden und Anahuac unter ihre Herrschaft bringen würden.

Wir wissen, dass sich die Prophezeiung erfüllt hat: weiße und bärtige Männer kamen von Osten übers Meer, aber nicht um mit Worten zum Christentum zu bekehren, sondern mit dem Schwert. *Betet ohne Unterlass, dass ihr den Herrn mit Freude findet und nicht mit Schmerz.*

Im Museum für Anthropologie und Geschichte in der Stadt Mexiko, D.F., gibt es als Zeugnis der mystischen Lehren von Quetzalcoatl einen Monolith der kostbaren Schlange mit Quetzallifedern, die außen eine große gespaltene Zunge hat, ein Symbol des Lichtes und auf dem Kopf ein „I“, das Emblem des Feuers, Ignis und die Hieroglyphe „acatl“, ein Rohr, ein Wasserrohr, welches durch das menschliche Gesicht symbolisiert wird, das die Gesamtform der Schlange abschließt.

Die kostbare Schlange mit Quetzallifedern ist das Emblem des göttlichen Nahuatl-Menschen, des Quetzalcoatl, der sich in Adam inkarnierte und gefallen ist, als er der Versuchung durch die biblische Schlange nachgab.

Die Frau verkörpert die Gesamtheit der Schönheit. Die Natur, die Musik, die Blumen, eine Landschaft, ein Kind, lösen in uns Regungen aus. Aber die Frau berührt uns nicht nur innerlich, sondern sie zieht uns an, sie inspiriert uns, sie fordert uns heraus. Seit unserer Kinderzeit sehnen wir uns nach ihren Zärtlichkeiten, denn sie ist die andere Hälfte unseres Seins und umgekehrt.

Wenn wir lieben, während der sexuellen Vereinigung, sind wir wie Götter. Die Tlamatinime (Philosophen, Eingeweihte) wussten sich vom sexuellen Akt zurückzuziehen, ohne die Samenflüssigkeit auszustoßen. Dann benutzten die solaren und lunaren Hierarchien ein einziges Spermatozoon, um die Frau zu befruchten.

Es waren die gefallenen Engel, die den Männern und Frauen beibrachten, die Samenflüssigkeit auszustoßen, und so fielen sie aus ihrem paradiesischen Zustand in die Animalität, in der sie seither herumzappeln. Quetzalcoatl ist der göttliche Freund, der sich siegreich entlang ihrer Wirbelsäule erhebt.

Durch das Übertreten des sechsten Gebotes des göttlichen Gesetzes: *Du sollst nicht Unzucht treiben* hat sich die Drüse des Steißbeins beim Abstieg in die atomischen Abgründe des Mannes und der Frau in die kostbare Schlange mit Quetzallifedern verwandelt und musste auf ihrem Bauch kriechen über den Staub der Erde, weil sie verflucht war. (1.Mose 3, V.14).

In unseren Samendrüsen ist die kostbare Schlange mit Quetzallifedern eingeschlossen, die nur durch den Einfluss der Liebesmagie erwacht und sich erhebt. Sie ist auch das Emblem des heiligen Feuers des Heiligen Geistes dem Nahuatl, das uns beim Aufstieg durch den siebenfachen Kanal der Wirbelsäule in Engel verwandelt.

In den gepflasterten Höfen der Mysterientempel der Nahuas tauschten Männer und Frauen monatelang Zärtlichkeiten aus und vereinigten sich sexuell, ohne dass es jemals dazu kam, dass sie ihre Samenflüssigkeit verloren.

Auf diese Weise erweckten die Nahuas in ihnen das universale Feuer, das heilige Feuer des Heiligen Geistes, und sie wurden zu

Magiern, die Wunder wirkten wie jene, die der göttliche Meister Jesus, der Christus, bei seinem Aufenthalt auf der Erde bewirkte.

Zu lehren, wie die sexuellen Kräfte der menschlichen Animalität in mentale göttliche Kräfte umgewandelt werden, ist Teil der Lehren dieses Kurses. Mann und Frau werden durch den göttlichen, natürlichen Gebrauch des Sexus vereint nach Eden zurückkehren. Die Liebe verwandelt uns in Götter.

Wenn die kostbare Schlange mit Quetzallifedern in der Mitte der Wirbelsäule nach oben steigt, verwandelt sie sich in Quetzalcoatl, den wunderbaren Vogel aller Verwandlungen, in den Vogel Minerva, dessen schreckliche Geheimnisse kein Eingeweihter enthüllen konnte.

Dann erblüht das heilige Feuer des Heiligen Geistes auf unseren Lippen, zum Wort geworden, und durch den Einfluss unseres Wortes gehorchen und verehren uns das Feuer, die Luft, das Wasser und die Erde.

Übung

Auf Ihrem Bett in Rückenlage liegend, entspannen Sie alle Muskeln ihres Körpers, von den Fußspitzen bis zum Haaransatz des Kopfes und lassen Sie Ihren Verstand für zehn Minuten ruhig werden. Im weiteren stellen Sie sich vor, dass durch Ihre Zirbeldrüse, die sich am hinteren Teil des Gehirns befindet, fast in dessen Mitte, in Ihren Körper das heilige Feuer des Heiligen Geistes eintritt, welches vom Himmel herunterkommt, und das wunderbare Chakra dieser Drüse vitalisiert, welches in seinen zwölf zentralen Blütenblättern golden leuchtet. Diese haben hinter sich unendlich viele Blütenblätter, die wie vielfarbige Lichtstrahlen eines wunderbaren Lotos erscheinen und Sie bringen ihn von links nach rechts in Bewegung, wie einen Feuerball. Diese Übung soll eine halbe Stunde dauern und Sie müssen sie vor dem Einschlafen machen.

Der Meister

Monografie Nr.3

Der Enthauptete

Im Museum für Anthropologie und Geschichte in der Stadt Mexiko, D.F befindet sich ein phallischer Monolith, der einen enthaupteten Mann darstellt. Der Kopf wurde durch sieben Schlangen ersetzt, die sich mit offenen Schlünden erheben, aus denen gespaltene Zungen hervorkommen, ein Symbol des Lichtes; und der Mann hat einen Phallus in erigierter Stellung. Von seiner Wirbelsäule gehen Lichtstrahlen aus, auf die er mit einer seiner Hände hinweist. (Betrachten Sie die Zeichnung zu dieser Monografie).

Das Feuer des Universums. *Und das heilige Pfingstfeuer kam wie Zungen von Feuer über die Häupter der zwölf Apostel.* (Apostelgeschichte 2, V.14)

Die sieben Schlangen des phallischen Monolithen der Nahuas symbolisieren den siegreichen Quetzalcoatl. Der erigierte Phallus besagt, dass die sieben Schlangen mit gespaltenen Zungen das sexuelle Feuer des Adepten der Wissenschaft der Arkane sind. Die Yogis erzählen uns von Kundalini, der feurigen Schlange der magischen Kräfte des Blitzes.

Die Nahuas verehrten Quetzalcoatl als „Gott der Winde", aber sie verehrten ihn auch als die siebenfache kostbare Schlange mit Quetzallifedern, welche, gefallen in die atomaren Abgründe des Mannes und der Frau, im Steißbein schläft und darauf wartet, durch das perfekte Paar erweckt und erhoben zu werden.

Die sieben Schlangen, die das Haupt des Geköpften ersetzen, symbolisieren auch, dass sich der Mensch, der seine sieben Schlangen erhebt, in den Drachen der sieben Wahrheiten verwandelt. Der eregierte Phallus in Palmenform zeigt, dass sich die sieben Schlangen nur durch die Liebesmagie erheben und die Männer und Frauen dann im Leben den Sieg erringen; es gibt nichts Größeres als die Liebe. Gott erstrahlt über dem perfekten Paar. Die Wirbelsäule besteht aus dreiunddreißig Wirbeln, die einer über dem anderen in Form von Ringen angeordnet sind und so einen knochigen Kanal bilden, der das Rückenmark einschließt und schützt, den Baum des physischen Lebens, der vom Gehirn seinen Ausgang nimmt und bis unterhalb des zweiten Lendenwirbels reicht, von dort verlängert er sich als Nervenstrang bis zum Steißbein.

Die Genickregion hat sieben Wirbel, die Rückenregion zwölf, die Lendenregion fünf, die Region des Kreuzbeins fünf und die Region des Steißbeins vier Wirbel. Das Rückenmark ist siebenfältig. In der Mitte und entlang seiner ganzen Länge gibt es den „canalis centralis". In diesem existiert ein anderer sehr feiner Kanal und in diesem wieder ein anderer, und ein weiterer, bis zu sieben, worin die kostbare Schlange mit Quetzallifedern, einmal erwacht, aufsteigt.

Im Rückenmark haben wir einen im anderen: den Kanal des physischen Körpers, den Kanal des ätherischen Körpers, den Kanal des Astralkörpers, den Kanal des Mentalkörpers, usw.. Dies sind die vier Körper der Sünde, sie sind auch der Tempel, in dem der Innerste wohnt. Der Innerste hat zwei Seelen: die universale oder göttliche Seele und die menschliche Seele.

Der Mensch hat sieben Körper, die sich gegenseitig durchdringen, ohne sich zu vermischen. Jeder von ihnen hat sein eigenes Rückenmark. Jedem von diesen wird eine Schlange zugeordnet. Zwei Gruppen von je drei Schlangen, und in der Mitte die sublime Krone der siebten Schlange, der Feuerzunge, die uns mit dem Gesetz verbindet, mit dem Innersten, mit dem Vater.

Mit der ersten Einweihung in die höheren Mysterien entzündet der Mensch in sich selbst das universale Feuer, erweckt und erhebt seine erste Schlange, mit der zweiten Einweihung die zweite Schlange; mit der dritten Einweihung die dritte Schlange und so weiter, bis er die siebte Schlange erhebt.

Der Aufstieg der siebten kostbaren Schlange mit Quetzallifedern entlang jedes einzelnen der dreiunddreißig Wirbel der Wirbelsäule (die 33 Grade der Freimaurerei) ist sehr langsam und schwierig und nur durch die Sexualmagie möglich; den Ausstoß nicht erlauben, den Samen in elektromagnetische Energie verwandeln, die von den Hoden des Mannes und den Eierstöcken der Frau ausgeht und durch die verschiedenen Röhren der beiden aufsteigt, um sich in der Steißbeindrüse mit dem Rückenmark zu vereinen und von dort zum Gehirn aufzusteigen, verwandelt in solare und lunare Atome.

Wenn durch die Alchemie des liebevollen sexuellen Kontakts sich der Samen in elektromagnetische Energie verwandelt und diese in Kontakt mit der Steißbeindrüse tritt, dann erwacht, bewegt und erhebt sich die kostbare Schlange mit Quetzallifedern, in Quetzalcoatl verwandelt, der uns Macht gibt, die Winde zu entfesseln und zurückzuhalten, die Erde zu beruhigen oder erzittern zu lassen.

Übung

Auf Ihrem Bett liegend, alle Muskeln des Körpers entspannt, sollen Sie einschlafen, während Sie an das heilige Feuer des Heiligen Geistes denken, das weiterhin vom Himmel herabkommt und in Ihren Kopf durch die Zirbeldrüse eintritt.

Fühlen Sie, wie dieses Feuer ihr Gehirn überschwemmt, und versetzen Sie die wunderbare und zweifarbige Lotusblume Ihres Chakras der Hypophyse, das Auge des Propheten, von links nach rechts in Bewegung. Sehen Sie es voller Feuer, wie es sich um sich selbst dreht. In diesem Bewusstseinszustand vokalisieren Sie die Silbe IN auf diese Weise:

Iiiiiiiiiiiiinnnnnnnnnnnnn

Fühlen Sie, dass sie in einem Ozean aus Feuer treiben. Diese Übung soll ungefähr dreißig Minuten dauern und muss vor dem Einschlafen gemacht werden, wenn möglich immer zur selben Uhrzeit, im Bett liegend. Am nächsten Tag schreiben Sie in ein Büchlein alles, was Sie geträumt haben. Ohne jemandem Ihre Eindrücke weiterzuerzählen, ohne mit jemandem über diese Monografie zu sprechen, die nur für Ihr geheimes Studium ist, schicken Sie uns einen kurzen Bericht von dem, was Sie geträumt haben. Die Drüse der Hypophyse befindet sich zwischen den Augenbrauen.

Der Meister

Monografie Nr.4

Der geheime Tempel des Hügels von Chapultepec

Chapultepec besteht aus zwei aztekischen Wortstämmen: „Chapul“ und „Tepec“. Chapul oder Chapulin bedeutet „Grille“; Tepec „Hügel“, es kann also dieser aztekische Name als „Hügel der Grille“ definiert werden.

Im alten Rom der Cäsaren wurden die Grillen in goldenen Käfigen zu sehr hohen Preisen verkauft. Im anthropologischen Museum der Stadt Mexiko, D.F. befindet sich ein sehr interessantes Bild, das mit den Lehren verbunden ist, die man den aztekischen Edelleuten und Priestern in ihren geheimen Tempeln mitteilte.

Auf diesem Bild sehen wir zwei schwebende Wesen über dem Hügel von Chapultepec.

Auf dem Gipfel des Hügels erscheint eine Grille, die sich in der Haltung des Zirpens befindet. Auf der einen Seite der Landschaft erscheint ein schwebender menschlicher Kopf, aus dessen Mund zwei Lichtwellen kommen, die den Grillengesang symbolisieren, oder dass die beiden Personen in fliegender Haltung über den Hängen des Hügels diesen feinen und monotonen Ton der Grille hervorbringen müssen, um in den Tempel einzutreten.

Das Grillenzirpen ist die subtile Stimme die Apolonius von Tiara benutzte, um in den Astralkörper auszutreten. Es ist das stille, sanfte Sausen, das Elias hörte, als er aus der Höhle in der Wüste trat. (Siehe 1. Könige 19, V.12)

Das menschliche Wesen ist eine Dreiheit aus Körper, Seele und Geist. Zwischen dem Körper und dem Geist gibt es einen Vermittler, dieser Vermittler ist der Körper der Seele, der Astralkörper. Die Seele hat man, der Geist ist man. Der Astralkörper hat etwas Menschliches und etwas Göttliches und er ist mit wunderbaren Sinnen begabt, mit denen wir die großen Mysterien des Lebens und des Todes erforschen können. Innerhalb des Astralkörpers befinden sich der Verstand, der Wille und das Bewusstsein.

Im Hügel von Chapultepec gibt es einen Tempel im *Jinas-Zustand*, das heißt, in der vierten Dimension. In diesem Tempel kann man sich im Astralkörper einfinden. Der Oberste des Tempels von Chapultepec ist der ehrwürdige Meister Rasmussen. Dieser Tempel wird von eifrigen Wächtern mit blanken Schwertern bewacht.

Während der Stunden des normalen Schlafes handeln und reisen wir, wie alle Wesen, im Astralkörper, aber wir erinnern uns nicht alle beim Erwachen daran, was wir mit diesem Körper sahen, hörten oder taten.

Am Morgen, beim Erwachen aus den Träumen müssen Sie sich anstrengen, um sich daran zu erinnern, was Sie träumten. Ihre Träume sind nichts anderes als Erfahrungen in der Astralwelt. Schreiben Sie sie sorgfältig in ein Notizbuch.

Wenn Sie Ihre Übungen machen, konzentrieren Sie sich auf das feine Zirpen der Grille.

Das Zirpen muss zwischen Ihren Gehirnzellen hervorkommen; wenn die Übungsweise richtig ist, werden Sie bald in den Übergangszustand eintreten, den es zwischen dem Wachen und dem Schlafen gibt. Schlafen Sie mehr ein und steigern Sie den Widerhall des Grillenzirpens durch ihren Willen.

Stehen Sie dann aus ihrem Bett auf und verlassen Sie Ihr Zimmer mit völligem Vertrauen in Richtung des Tempels von Chapultepec, oder wohin Sie auch möchten, und versuchen Sie, die Klarheit Ihres Bewusstseins nicht zu verlieren. Stehen Sie nicht mental aus ihrem Bett auf. Stehen Sie wirklich auf.

Die Natur übernimmt es, Ihre Körper zu trennen: den Physischen und den Astralen. Der physische Körper bleibt schlafend in seinem Bett und der Astralkörper ist frei, damit Sie gehen können, wohin Sie möchten.

Die Azteken benutzten den Peyotekaktus, um ihren Neophyten beizubringen, in den Astralkörper auszutreten. Wir empfehlen den Gebrauch dieser wunderbaren Pflanze nicht, die bewirkt, dass sich der Astralkörper vom physischen Körper trennt und dass derjenige, der sie nimmt, die Klarheit seines Bewusstseins behält, während er im Astral handelt. Wir empfehlen allerdings Praxis, viel Praxis und bald werden Sie im Astralkörper handeln und reisen.

Übung

Ohne aufzuhören, die Übung der vorherigen Monografie zu machen, sollen Sie in ihrem Bett liegend einschlafen und dabei mental die Silbe „La“ vokalisieren. Der Ton dieser Silbe stimmt mit dem natürlichen „F“ der Tonleiter überein. Ziehen Sie die Silbe in die Länge auf diese Weise:

Laaaaaaaaaaaaaa

Sogleich danach vokalisieren Sie die Silbe »Ra«, Ziehen Sie diese Silbe in die Länge.

Raaaaaaaaaaaaaa

Laaaaaaaaaaaaaa

Raaaaaaaaaaaaaa

Prüfung

1.) Verstehen Sie den Schlüssel, um in den Astralkörper auszutreten?

2.) Warum hat man die Grillen im alten Rom zu hohen Preisen verkauft?

3.) Wie treten Sie in den Astralkörper aus?

Kurze Geschichte des Gnostikers

Der Apostel Petrus brachte die Gnosis nach Rom. Paulus verbreitete sie unter den Adligen. Alle ursprünglichen Christen waren Gnostiker.

Der Heilige Markus lehrte, wie man die Samenströme zum Gehirn führen konnte.

Petrus konnte seinen physischen Körper in den „Jinas-Zustand“ bringen und gelangte so von einem Ort zum anderen.

In Spanien gründete Karpokrates verschiedene Klöster, in denen er im geheimen Gnostizismus lehrte. Irenäus, Tertullian, der heilige

Ambrosius, der heilige Augustinus, Hippolyt, Epiphanius, Clemens von Alexandrien und viele andere Mystiker waren Gnostiker.

Der Meister

Monografie Nr.5

Der Chac-Mool in der aztekischen und ägyptischen Kultur

Im anthropologischen Museum der Stadt Mexiko, D.F. gibt es die steinerne Figur eines Mannes, der halb auf dem Rücken liegt.

Die Sohlen seiner Füße sind auf seinem Bett aufgesetzt, die Knie in der Höhe, die Unterschenkel sind halb gegen die Oberschenkel angewinkelt, der Rücken ist in der Haltung eines ersten Impulses, um sich zu erheben, gebogen, das Gesicht zeigt nach links, der Blick ist auf den Horizont gerichtet, und auf der Höhe des Sonnengeflechts hat er in seinen Händen ein Gefäß. (Beachten Sie die beiliegende Zeichnung).

Foto:Luis Alberto Melograna

Dieser Mann aus Stein ist bei den Archäologen unter dem Namen Chac-Mool bekannt, und es ist eines der wenigen aztekischen Symbole, das nicht der Zerstörung durch die Conquista (Eroberung) anheimfiel.

Er wurde von den Mystikern bei den Azteken, Mayas, Tarascos usw. in Stein gemeißelt, um die Weisheit, die sie als geheimes Erbe von ihren Vorfahren empfangen hatten, zu verewigen.

Der Name dieser aztekischen Skulptur ist „Faraon", ein Name, dessen Silben sich so aufgliedern: Fa-Ra-On, und diese sind, so vokalisiert, wie es sich gehört, ein „Mantram", das bewirkt, dass der Astralkörper desjenigen, der sie ausspricht, sich vom physischen Körper trennt und der Mensch im Raum in Richtung der großen Pyramide von Gizeh in Ägypten schwebt. Es ist nicht gefährlich, in den Astralkörper auszutreten.

Während des Schlafes laufen alle menschlichen Wesen mit eingeschlafenem Bewusstsein in den inneren Welten umher. Jede Seele verlässt ihren physischen Körper während des Schlafes. Dann hat der ätherische Körper die Möglichkeit, den physischen Körper wieder zu kräftigen. Wenn die Seele zum physischen Körper zurückkehrt, erwachen wir aus dem natürlichen Schlaf.

Die Seelen wenden sich in den inneren Welten den gleichen täglichen Notwendigkeiten zu, die sie auf der Erde während des Wachzustandes verrichten, sie kaufen, verkaufen, arbeiten im Büro, in der Werkstatt, in der Fabrik, auf dem Feld usw. Die inkarnierten und die verstorbenen Seelen leben während des Schlafes zusammen.

In den inneren Welten ist alles dasselbe: die Sonne, die Wolken, die Städte, die Dinge. Sie bräuchten nur an einer spiritistischen Sitzung teilzunehmen, um sich darüber klar zu werden, dass die Toten es nicht akzeptieren, dass sie gestorben sind und sie werden verstehen, warum die Seelen der Lebendigen während des Schlafes lieben, leiden, kämpfen und arbeiten.

In den inneren Welten haben wir Zugang zu den großen Geheimnissen des Lebens und des Todes, aber vorher müssen wir lernen, die Klarheit des Bewusstseins während des Schlafes zu behalten.

Dafür empfehlen wir Ihnen, dass Sie jedes Mal, wenn Sie merkwürdigen Personen, Ereignissen oder Dingen begegnen, die ihre Aufmerksamkeit hervorrufen, unterscheiden und sich fragen: *Bin ich im physischen Körper oder im astral?*

Machen Sie einen Hüpfer, um zu sehen, ob Sie schweben können. Wenn Sie es schaffen, zu schweben, befinden Sie sich im Astralkörper; wenn Sie nicht schweben, sind Sie im physischen Körper.

In den inneren Welten handeln wir, als ob wir mit Fleisch und Blut dort wären, als ob wir wach wären. Es gibt keinen Unterschied zwischen diesen beiden Welten: der Physischen und der Astralen. (Lesen Sie *Eintausend und ein Gespenst* von Alexandre Dumas). Was wir gewöhnlich im Wachzustand tun, das machen wir auch während des Schlafes.

Wenn Sie während des Tages den Schlüssel benutzen, einen Hüpfer machen, um sich davon zu überzeugen, in welchem Körper Sie sich befinden, werden Sie, wenn Sie mit dem Vorsatz, in den Astralkörper auszutreten des Nachts aus ihrem Bett springen, im Raum schweben bleiben und ihr physischer Körper wird weiterschlafen, während Sie durch das Unendliche reisen, um an den schönen Ritualen und Lehren teilzunehmen, die die großen Meister der gnostischen Tempel erteilen, die es im „Jinas-Zustand“ in verschiedenen Teilen dieses Landes und in der ganzen Welt gibt.

Unbestreitbar sind die geheimen Lehren der Nahuas all den Völkern der weitesten Vergangenheit gemein. Bei den ungarischen Legenden spricht man über das Volk der Monolithen, deren unlesbare Schriftzeichen denen ähneln, die es auf einem riesigen Stein gibt, der sich in ein fernes Tal von Yucatan in Mexiko verirrt hat.

Nicht den Schlüssel vergessen: Den Zustand des Halbschlafes ausnutzen, zwischen Wachheit und Schlaf, damit Sie sich mittels Ihres Willens verdoppeln können: In den Astralkörper, Unterscheidung und Gedächtnis.

Mit diesen drei Dingen werden Sie aus sich selbst heraus die großen Mysterien des Lebens und des Todes kennenlernen. Um Ihre Träume zu interpretieren, lesen Sie das Buch Daniel der Bibel.

Übung

Stellen Sie sich in aufrechter Position hin, mit dem Blick nach Osten, erheben Sie ihre Arme über ihren Kopf, bis sich die Handflächen berühren. Senken Sie die ausgestreckten Arme und bilden Sie mit ihnen und ihrem Körper ein Kreuz. Anschließend kreuzen Sie sie über ihrer Brust und legen sich auf den Rücken, und wenn Sie am Einschlafen sind, bitten Sie in aufrichtigem Gebet die Gottheit und die Meister, dass Sie sie zur großen Pyramide von Gizeh in Ägypten bringen. Unmittelbar nach dem Gebet vokalisieren Sie die folgenden Silben:

Faaaaaaaaaaaaaa.....

Raaaaaaaaaaaaaa.....

Onnnnnnnnnnnnn.....

Der Klang dieser Silben, mit leichten Variationen in jeder von ihnen, korrespondiert mit dem natürlichen „Fa” der Tonleiter, das in der ganzen Natur widerhallt. Die Silbe „Ra” wird in den ägyptischen Ritualen vokalisiert. Die Silbe „On”, wenn wir das „n” durch ein “m” ersetzen, ist jene, die die Yogis vor und nach ihren Meditationen vokalisierten.

Machen Sie jeden Morgen, bei Sonnenaufgang, mit dem Gesicht nach Osten gewandt Vokalisierungsübungen mit allen Silben, die in diesem Kurs gegeben wurden, angefangen bei der ersten Silbe und so fort, bis sie an einem folgenden Morgen mit den drei letzten dieser Monografie enden.

Wenn Sie getreu in der Reihenfolge jede dieser Übungen ausführen, zumindest während sechs aufeinanderfolgender Tage, werden Sie bald in den Astralkörper austreten. Wir gehen davon aus, dass sie eine normale Person sind, die keinen Missbrauch von Schnaps oder Tabak betreibt, keine Gerüchte ausposaunt, der es nicht gefällt Witzchen auf Kosten ihrer Mitmenschen zu machen, die alle lebendigen Wesen liebt und respektiert. Erinnern Sie sich, dass "Gott, um dem Guten alles zu geben, ihm sogar den Kopf des Bösen anbietet."

Der Meister

Monografie Nr.6

Quetzalcoatl, der Lichtdrache der Azteken ist der Gott Harpokrates der Ägypter.

Jinas sind Wesen, Völker oder Dinge, die der Schleier der vierten Dimension vor unseren Blicken verbirgt.

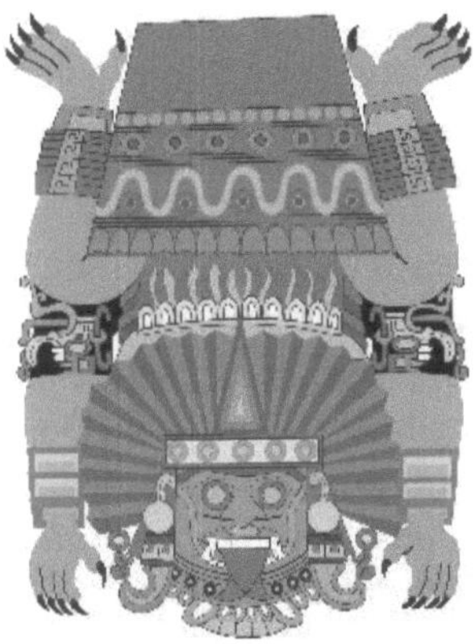

In der 3. Monographie erwähnen wir die vier Körper der Sünde. Diese dienen dem Menschen dazu, sich in der physischen Welt kundzutun, in der einzigen, die die Profanen kennen, denen die ätherische, astrale und mentale Welt unbekannt ist. Der physische Körper kann in den supersensiblen Ebenen oder Welten handeln, ohne seine physiologischen Charaktereigenschaften zu verlieren. In der physisch-chemischen Welt regiert die Schwerkraft, in den Welten der vierten Dimension nur das Gesetz der Levitation.

Die vom solaren Feuer losgelöste Energie ist im Herzen der Erde verankert und sie ist der vibrierende Mittelpunkt der Zellen eines jeden Lebewesens. Sie ist das Astrallicht, der Stickstoff und das Magnesium der alten Alchemisten. Als Meister Jesus, der Christus, über die Wellen des Sees von Genezareth wandelte, war sein Körper in das Astrallicht eingetaucht. Das Astrallicht durchdringt die ganze Atmosphäre und ist der Grund für die wundervollen Kräfte im Menschen und es ist das heilige Feuer allen Lebens.

Durch das Wissen, den Willen und den Glauben können wir unseren physischen Körper in den unendlichen Ozean des Astrallichts eintauchen. Wir können ihn entmaterialisieren oder ihm die Form geben, die wir möchten. Wir können ihn elastisch oder flüssigmachen, bis zu dem Maß, das uns erlaubt, mit ihm Eisenplatten zu durchqueren, Berge, Wände usw., ohne dass er irgendeinen Schaden nehmen würde. Wir können in ihm in Überschallgeschwindigkeit von einem Ort zum anderen reisen oder erreichen, dass er für die Netzhaut des physischen Auges unsichtbar wird.

Die solare Energie ist Astrallicht. Seine Essenz ist die christonische Kraft, enthalten im befruchtenden Pollen der Blume, im Herzen der Frucht jeglichen Baumes, in den inneren Sekretionsdrüsen des Tieres und des Menschen. Im Menschen ist ihr Hauptsitz im Steißbein; die Azteken nannten diese heilige Kraft: die gefiederte Schlange, Quetzalcoatl, welche nur durch die Liebesmagie erwacht und bis zu unserer Zirbeldrüse aufsteigt.

Der Gott Harpokrates regiert die Energie des Astrallichts. Im antiken Götterhimmel der Ägypter ist er das lebendige Symbol der Sonne, wenn sie in den Frühlingsbeginn eintritt. Als Sohn von Isis und Osiris wurde er nach dem Tod seines Vaters am kürzesten Tag des Jahres und in der Epoche, in der der Lotus blüht, geboren.

Die Traditionen stellen ihn als schwaches Wesen dar, dass seine Reife nicht erreicht, sondern sich in Horus verwandelt, anders ausgedrückt, in die Sonne in ihrem ganzen Glanz; sein Kult wurde in Griechenland und Rom mit einigen Veränderungen aufgenommen. Dort erscheint er als der Gott der Stille, sie zeigen ihn mit dem Zeigefinger auf den Lippen. *In der Stille gibt es einen Punkt, an dem sich das unendliche Ruhen und die unendliche Aktivität treffen.*

Der Meister

Monografie Nr.7

Der heilige Tiger

Im kolumbianischen, venezolanischen, brasilianischen, ecuadorianischen Amazonien erweisen die vielzähligen Eingeborenenstämme, die diesen dichten Dschungel bevölkern, dem amerikanischen Jaguar oder Tiger besondere Verehrung.

Die Huitores, Mirañas, Muinanes, Guahibos und andere halten den Tiger für ein heiliges und unberührbares Tier, bis zu dem Maß, dass sie, wenn einem von ihnen durch die Gegenwart der Raubkatze der Weg versperrt wird, es vorziehen, obschon sie mit Pfeil und Bogen bewaffnet sind, und manchmal sogar mit Feuerwaffen, ihre Hunde einzufangen und den Weg zurückzugehen, entgegen all ihren Interessen, bevor sie sich an einem Jaguar vergreifen würden. Keiner von ihnen würde es jemals wagen, einen Tiger zu töten.

Jeder Stamm des Amazonas-Dschungels wird von zwei Autoritäten regiert, der verwaltenden, die der Häuptling des Stammes repräsentiert und von der spirituellen, die der Piachi (auf Spanisch Brujo = Zauberer) inkarniert.

Wir sagen dazu Priester. Die Eingeborenen Amazoniens töten den Tiger nicht, weil sie wissen, dass er die Inkarnation eines Piachis ihres Stammes ist, oder, dass der Piachi ihres Stammes in einen Tiger verwandelt, durch den Urwald läuft.

Ocelotl-Tonatiuh, die Sonne der Tiger, einer der zwanzig Gründer von Tenochtitlan, war der Anführer der mystischen Tigerkrieger und Hohenpriester des Ritterordens dieses Namens, dessen Adepten schreckliche Proben durchmachten, bevor sie lernten, die Vorstellungskraft und den Willen in dem Maß zu handhaben, dass sie sich in Tiger verwandeln konnten.

Indem sie die Grenzscheide zwischen dem Wachzustand und dem Schlaf ausnutzten, verwandelten sie sich in Tiger; wenn auch ihre Körper die Form der Raubkatze angenommen hatten, erhoben sie sich voller Glauben und Vertrauen in sich selbst von ihrem Lager und murmelten die folgende rituelle Formel: „Wir gehören zusammen". Sie bezogen sich auf die harpokratischen Kräfte, von denen wir in der vorhergehenden Monografie gesprochen haben, auf sich selbst und auf die mentalen Kräfte des Tigers, welche ihnen erlaubten, sich in der vierten Dimension mit ihren in Tiger verwandelten physischen Körpern zu halten. Vergessen Sie nicht, dass der menschliche Körper in den inneren Welten elastisch, formbar, plastisch ist.

Im aztekischen Kalender, der im Museum für Anthropologie und Geschichte der Stadt Mexiko, D.F. existiert, sehen wir an beiden Seiten des Gesichtes von Tonatiuh, zwischen den katzenhaften Klauen der solaren Gottheit, zwei menschliche Herzen.

Darunter zwei Xiucoatl, Schlangen des Feuers, kopfunter, die ihre Schlünde zeigen, und Tonatiuh weist mit seiner steinernen Zunge, dem Symbol des Feuers sowie der Weisheit, zu ihnen hin.

In den Schlünden der Xiucoatl tauchen die Gesichter von zwei Personen auf; die auf der rechten Seite trägt die gleiche Krone, den gleichen Nasenring und die gleichen Ohren wie Tonatiuh und sie ist durch ihre steinerne Zunge mit der Person auf der linken Seite verbunden, die einen Milchbart und ein Netz trägt, das ihr Gesicht bis zu den Backenknochen bedeckt.

Diese Person ist Quetzalcoatl und gleichzeitig die kostbare Schlange mit Quetzallifedern in ihrer doppelten menschlichen Ausdrucksform. Adam und Eva, die durch das Übertreten des göttlichen Gesetzes: „Du sollst nicht Unzucht treiben", gefallen sind.

Die steinernen Zungen, Symbole des Lichtes, der Weisheit, des Bewusstseins, die die Personen verbinden, symbolisieren, dass diese ein und dieselbe sind, dass sie die ewigen Gegensatzpaare der Natur sind, dass sie die gefiederte Schlange sind, die leuchtend wie der Blitz in der menschlichen Drüse des Steißbeins eingerollt schläft, das heilige und für die offizielle Wissenschaft unsichtbare Feuer, welches beim Erwachen zischt und sich zeigt, als ob es durch ein Bollwerk verletzt worden wäre, um dann entlang des Rückenmarkskanals aufzusteigen, dem Sitz der sieben psychischen Hauptzentren des Menschen, der Chakren, die, wenn sie von ihm durchquert werden, sich beleben und ihre zuvor herabgefallenen und verkümmerten Feuerkronen wieder erheben.

Tonatiuh, der Vater, Quetzalcoatl, ist das gefallene Feuer des Heiligen Geistes in der Erwartung, vom Sohn der aztekischen Rasse erhoben zu werden. Die Herzen in den katzenhaften Klauen symbolisieren den „Tod des Eingeweihten".

In einen Tiger verwandelt, steigt Quetzalcoatl auf und zerfetzt das Herz von dem, der ihn erweckt, bis er in ihm alle Illusionen der Persönlichkeit getötet hat, jedes Anhaften an die Dinge, die ihn an die Erde fesseln.

Die Schlauheit und Kraft des Tigers ist wirklich notwendig, um die menschliche Persönlichkeit zu beseitigen und zu bewirken, dass im Menschen der Drache der Weisheit der sieben Schlangen erstrahlt, das Symbol des Enthaupteten.

Es gibt neun kleinere Einweihungen und neun höhere. Es gibt keine Einweihung ohne Reinigung. In jeder Einweihung stirbt etwas im Menschen und es wird gleichzeitig etwas im Menschen geboren (sehen Sie hierzu „Das Buch der Toten" vom gleichen Autor). Man muss alles verlieren, um alles zu gewinnen.

Wenn sich die Seele von den vier Körpern der Sünde befreit, tritt sie in die Welt der Götter ein und vereinigt sich dann mit ihrem Innersten.

Die katzenhaften Klauen von Quetzalcoatl – unserem Innersten – nehmen das menschliche Herz gefangen, um uns von den vier Körpern der Sünde zu befreien und uns zur unendlichen Glücksseligkeit der Einheit mit Gott zu bringen.

Die Lanze des Longinus verletzt das menschliche Herz und dieses blutet schmerzlich aus Reue. Die vollkommenste Heiligkeit ist nötig, damit der Mensch sein verlorenes Erbe wiedererlangen kann. Quetzalcoatl ist der Innere Gott der Azteken. Seine katzenhaften Klauen krallten sich in das Herz des Eingeweihten, um ihn zu verschlingen. Im Herzen, dem Tempel des Gefühls, empfängt der Neophyt das Kreuz der Einweihung. Zu den kosmischen Verwirklichungen gelangt man auf dem Weg des Herzens, nicht des Intellekts.

Übung

Auf Ihrem Lager in Rückenlage liegend, stellen Sie sich vor, fühlen Sie, wie das Heilige Feuer des Heiligen Geistes vom Himmel herabsteigt und in Ihren Kopf durch die Zirbeldrüse eintritt, zur Nasenwurzel weitergeht und den Feuerlotus Ihrer Hypophyse von links nach rechts zum Drehen bringt. Fühlen Sie, wie dieses Feuer weiter nach unten, geht bis zu Ihrem Kehlkopf, wo es den Feuerlotus Ihrer Schilddrüse sich von links nach rechts drehen lässt, als ob er eine Scheibe wäre.

Fühlen Sie, dass das Feuer weiter hinuntergeht, bei der Drüse Ihres Herzens ankommt, seine zwölf Blütenblätter goldgelber Färbung entflammt und den wunderbaren Lotus dieses Zentrums ihrer Psyche sich von links nach rechts drehen lässt. Sehen Sie sich voller Feuer, lichtvoll, leuchtend.

Schlafen Sie in diesem Bewusstseinszustand ein, indem sie an ihren Innersten denken, an ihren inneren Gott: Quetzalcoatl. Erweisen Sie ihm Verehrung und beten Sie ihn an und bitten Sie um seine Führung und Hilfe.

Danach sprechen Sie die Silbe ON aus auf diese Weise:

Ooooooooooooooonnnnnnnnnnnnn

Sprechen sie diese Silbe dreimal aus und schlafen sie ein.

Der Meister

Monografie Nr.8

Die sieben Kirchen der Apokalypse

Der heilige Johannes hinterließ uns die Mysterien der christlichen Gnosis, deren Geheimnisse zu enthüllen nicht erlaubt war, die er uns aber in der Apokalypse enthüllt, indem er von Allegorien Gebrauch machte, ähnlich wie die Azteken sich der Reliefs und Monolithen bedienten, um uns ihre geheime Weisheit zu übermitteln.

Ich bin das A und das O, der Erste und der Letzte. Was du siehst, das schreibe in ein Buch und sende es an die sieben Gemeinden: nach Ephesus und nach Smyrna und nach Pergamon und nach Thyatira und nach Sardes und nach Philadelphia und nach Laodizea. Diese sieben Kirchen sind die sieben Haupt-Nervenzentren im Rückenmark des Menschen.

Ephesus ist der Nervenknoten des Steißbeins, das Chakra Muladhara, wo die Schlange unserer Sexualkraft schläft, dies ist es, was die gefiederte Schlange der Azteken bedeutet.

Sexuelle Zärtlichkeiten zwischen den Ehepartnern sind nötig, aber beide müssen sich vor der Ejakulation des Mannes und dem Orgasmus der Frau zurückziehen, um zu vermeiden, den Samen zu verlieren.

Daher, so ist in der Apokalypse geschrieben, bedenke, wovon du abgefallen bist, kehre um und tue die ersten Werke! Sonst werde ich zu dir kommen und deinen Leuchter von seiner Stelle wegstoßen – wenn du nicht umkehrst, und Traurigkeit wird dein Herz befallen.

Wenn der Mensch Unzucht treibt, sinkt die gefiederte Schlange um einen oder mehrere Wirbel, je nach der Intensität der Handlung. Somit *wird der Leuchter von seiner Stelle weggestoßen, wenn du nicht umkehrst.*

Smyrna ist der Nervenknoten der Prostata, das Chakra Swadisthana.

Ich kenne deine Werke und deine Bedrängnis und deine Armut, obwohl du reich bist, und die Lästerungen derer, die sich Juden nennen, es aber nicht sind, sondern die Synagoge des Teufels. Sei getreu bis an den Tod, so will ich dir die Krone des Lebens geben. Unzucht zu treiben, ist ein widernatürlicher Akt. Heutzutage leidet jeder Mann, der die Fünfundvierzig überschreitet, an einer Hypertrophie der Prostata.

Pergamon ist der Nervenknoten der Magengrube, das Chakra Manipura.

Ich kenne deine Werke und weiß, wo du wohnst: dort wo der Thron des Teufels ist: (Der astrale Gegenkörper hat seinen Sitz in diesem Nervenknoten) *und du hältst an meinem Namen fest und hast den Glauben an mich nicht verleugnet, auch nicht in den Tagen, als Antipas, mein treuer Zeuge ... Aber etwas habe ich gegen dich: Es gibt bei dir Leute, die sich an die Lehren der Nikolaiten halten, welche ich verabscheue. Kehre um! Sonst werde ich bald zu dir kommen und mit dem Schwert meines Mundes gegen sie Krieg führen.*

Der Samenausstoß ist die Lehre der Nikolaiten, welche durch die Praktiken der schwarzen Magie der Lemurier-Atlanter entstand, welche sie an die Moabiter, die Amoniter, die Philister, Kanaanäer usw. weitergaben.

Die Magier praktizierten negative Sexualmagie und verwandelten sich in Dämonen. Die Feuerschlange, anstatt durch das Rückenmark aufzusteigen, fällt bis in die atomaren Abgründe des Menschen und bildet im Astralkörper diesen Schwanz, mit dem man den Teufel darstellt.

Thyatira ist der Nervenknoten des Herzens, das Chakra Anahata.

Der Sohn Gottes, der Augen hat wie Feuerflammen und dessen Füße wie Golderz sind, sagt zu dieser Kirche: *Ich kenne deine Werke und deine Liebe und deinen Glauben und deinen Dienst und deine Geduld und weiß, dass deine letzten Werke mehr sind als deine Ersten. Aber ich habe gegen dich, dass du Isebel duldest; dass diese Frau, die sich eine Prophetin nennt, meine Knechte lehrt, Unzucht zu treiben ... Und ich habe ihr Zeit gegeben umzukehren, doch sie will nicht umkehren von ihrer Hurerei.*

Die gefiederte Schlange erhebt sich im Einklang mit den Werten des Herzens. Man benötigt die allervollkommenste Heiligkeit und Keuschheit, um ihren Aufstieg und ihre Vereinigung mit dem Innersten zu erreichen, und dass der Eingeweihte in den inneren Welten als ein

Meister der höheren Mysterien geboren werde. Die Vereinigung mit dem Innersten ist sehr schwierig, da sich im Weihrauchduft des Gebetes das Verbrechen verbirgt. Am Altar setzt man dem Verbrechen die Dornenkrone auf. In den höchsten Inspirationen des Lichtes ist das Verbrechen versteckt. In den nobelsten Vorsätzen finden wir das Verbrechen in einer heiligen Tunika.

Der Innerste wohnt im Herzen. Wir empfehlen Ihnen, eine Bilanz all Ihrer Fehler zu machen und sich jedem von ihnen zwei Monate lang zu widmen, bis Sie sie vollständig aus Ihrem Herzen ausgerottet haben. Die feurigen Flügel, die uns die Macht verleihen, augenblicklich von einer kosmischen Ebene in eine andere überzuwechseln, erhalten wir in der Kirche von Thyatira aus der Hand der Geister der Bewegung.

Sardes ist unser schöpferischer Nervenknoten des Kehlkopfes, das Chakra Vishuda. Der die sieben Geister Gottes hat und die sieben Sterne, sagt zu dieser Kirche:

Ich kenne deine Werke; man sagt von dir, dass du lebst, und bist doch tot. Sei wachsam und stärke die anderen, die sonst sterben werden; denn ich habe erkannt, dass deine Werke vor meinem Gott nicht vollkommen sind. So denke nun an das, was du empfangen und gehört hast, halte daran fest und kehre um! Wenn Du aber nicht wachst, werde ich zu dir kommen wie ein Dieb, und du wirst nicht wissen, zu welcher Stunde ich kommen werde. Aber es gibt bei dir in Sardes einige wenige, die ihre Kleider nicht besudelt haben; die werden mit mir einhergehen in weißen Gewändern, denn sie sind´s wert. Wer überwindet, der soll mit weißen Gewändern bekleidet werden, und ich werde seinen Namen nicht aus dem Buch des Lebens tilgen, und ich will mich zu seinem Namen bekennen vor meinem Vater und vor seinen Engeln.

Laodizea ist die Zirbeldrüse, das Chakra Sahasrara.

Der „Amen“ heißt, der treue und wahrhafte Zeuge, der Anfang der Schöpfung Gottes, sagt zu dieser Kirche: *Ich kenne deine Werke und weiß, dass du weder kalt noch warm bist. Ach, dass du kalt oder warm wärst! Weil du aber lau bist und weder warm noch kalt, werde ich dich ausspeien aus meinem Mund.* (Die Lauen werden aus dem Tempel der Weisheit ausgeschlossen). Du sagst: *Ich bin reich und habe alles im Überfluss und brauche nichts! Und weißt nicht, dass du elend und jämmerlich bist, arm, blind und bloß.*

Und ich sah einen Engel vom Himmel herabkommen, der war von einer Wolke umhüllt, und der Regenbogen stand über seinem Haupt; sein Antlitz war wie die Sonne und seine Füße wie Feuersäulen. (Dieser Engel ist der Innerste).

Und er schrie mit lauter Stimme, wie ein Löwe brüllt. Und als er geschrien hatte, erhoben die sieben Donner ihre Stimme. Diese Donner sind die sieben Noten, die in den sieben Kirchen der Wirbelsäule des Eingeweihten widerhallen, welche geöffneten Lotusblumen auf dem wunderbaren Bambusrohr der Wirbelsäule gleichen.

Ephesus gibt uns Macht über die Erde. Smyrna über die Stürme. Pergamon über das Feuer, und es verleiht uns die Telepathie.

Thyatira gibt uns Macht über die Winde. Sardes gibt uns schöpferische Kraft und das Vermögen, Verborgenes zu hören. Philadelphia gestattet uns, die Engel, Throne, Mächte, Tugenden usw. zu sehen. Laodizea ist unser strahlender Lotus der tausend Blütenblätter, das Diamantauge, der Heiligenschein, der mit seinen Furcht einflößenden Strahlen die Dämonen in die Flucht schlägt, das Auge der Allsichtigkeit, worin das Atom des Heiligen Geistes wohnt.

Das Astrallicht ist das heilige Feuer des Heiligen Geistes, das Licht des Logos, dessen Natur und göttliche Macht wie – Verzeihung für den Vergleich– lebendige und bewusste Elektrizität ist, nicht vergleichbar mit der physikalischen Elektrizität, die wir kennen.

Wenn der Mensch durch bewussten spirituellen Willen das heilige Feuer des Heiligen Geistes erweckt, welches in jedem Menschen als im Steißbein-Nervenzentrum eingerollte Schlange ruht, und es zur Aktivität anregt, verwandelt sich dieses heilige Feuer in die Triebkraft der telesischen Arbeit oder der Perfektion des Eingeweihten.

Der Lohn des Eingeweihten ist die Befreiung aus dem Rad der Wiedergeburt und die Einheit mit Gott, aber zuvor muss er seinen sterblichen physischen Körper durch den unsterblichen solaren Körper, Soma Heliakon, ersetzen (so genannt, weil er so strahlend wie die Sonne ist. Betrachten Sie den Schluss von Quo Vadis) und seine Seele muss mit dem Innersten Hochzeit feiern.

Derjenige, der die erste Schlange erhebt, christifiziert seinen physischen Körper und wird zum ersten Grad des Tempels der höheren

Mysterien zugelassen. Es fällt der Regen und die Sonne des Vaters strahlt zur Mitternacht und der Eingeweihte geht durch den zweiten Grad der höheren Mysterien und sein ätherischer Körper erstrahlt wie von den Sonnenstrahlen getroffenes Gold.

So erhebt er aus eigener Kraft seine sieben gefallenen Schlangen des Feuers und christifiziert seine sieben Körper in den höheren Ebenen.

Das Feuer der Schlangen ist in seinen sichtbaren Erscheinungen so glänzend und beeindruckend, wie es das Feuer des Himmels in einer düsteren Sturmnacht ist.

Übung

Im Bett liegend ließen wir in der vorausgegangenen Monografie das heilige Feuer des Heiligen Geistes den feurigen Lotus Ihrer Herzdrüse in von links nach rechts kreisende Bewegungen bringen.

Sehen Sie, fühlen Sie jetzt, dass dieses Feuer zu ihrem Solarplexus herabsteigt, der etwas oberhalb des Nabels liegt, und bringen Sie den feurigen Lotus dieser Drüse in von links nach rechts kreisende Bewegungen.

Dieser Lotus hat zehn Blütenblätter: fünf von schmutzigroter Farbe im Wechsel mit fünf von dunkelgrüner Farbe. Sehen Sie ihn leuchtend, strahlend und sprechen Sie die folgenden Silben aus:

Iiiiiiiiiiiiiiiiiiiiinnnnnnnnnnnnnn.

Eeeeeeeeeeeeeennnnnnnnnnnnnn.

Ooooooooooooonnnnnnnnnnnnn.

Bitten Sie im Gebet Ihren Inneren Gott um die Erfüllung Ihrer edelsten Sehnsüchte und schlafen Sie ein.

Am Morgen, bevor die Sonne aufgeht und wenn sie gerade aufgeht, und nachdem sie Ihr Bad genommen haben oder sich gewaschen haben, stellen Sie sich Richtung Osten hin, und Sie stellen sich vor, dass die Sonne die Feuerrose auf einem riesigen goldenen Kreuz ist, welches im Himmel ist, und von dem Myriaden von Lichtstrahlen ausgehen, die in Ihren Körper durch den Solarplexus eintreten, und zur gleichen Zeit sprechen Sie die Silbe UN aus, so:

Uuuuuuuuuuuuuuunnnnnnnnnnnnn.

Mit diesen Übungen wird in Ihnen bald der Sinn der Telepathie erwachen.

Der Meister

Monografie Nr.9

Die Meditation

In den alten Mysterienschulen der Azteken konnten die Anwärter nach den Proben, denen sie unterzogen wurden, zur direkten Arbeit mit der gefiederten Schlange übergehen. Wir wollen damit nicht sagen, dass Sie siegreich aus Ihren Proben hervorgegangen wären, dies werden wir später sehen. Einstweilen werden wir mit der Meditation weiterarbeiten.

Die Meditation ist das tägliche Brot des Weisen. Wenn der Weise meditiert, ist er auf der Suche nach Gott, nach Information oder nach Macht. Fünf Schlüssel der Meditation gibt es:

a) Bequeme Haltung.

b) Leere im Verstand.

c) Konzentration.

d) Innenschau.

e) Ekstase.

In der für Sie bequemsten Sitzhaltung konzentrieren Sie sich auf Ihren physischen Körper, und wenn Sie nach eingehender Untersuchung festgestellt haben, dass Sie nicht eines ihrer wunderbaren Zentren sind, entfernen Sie ihn aus ihrem Geist, indem sie sagen: *Ich bin nicht mein physischer Körper.*

Konzentrieren Sie sich auf Ihren ätherischen Körper oder identifizieren Sie ihn, und nachdem Sie aufmerksam seine wunderschöne Leuchtkraft beobachtet haben, welche aus dem physischen Körper herausragt und die vielfarbige Aura dieses Körpers bildet, wenn Sie dann festgestellt haben, dass Sie nicht dieser zweite Körper sind, entfernen Sie ihn aus Ihrem Geist, indem Sie sagen: "Ich bin nicht mein ätherischer Körper."

Gehen Sie weiter in sich hinein und konzentrieren Sie sich zuerst auf Ihren Astralkörper und danach auf Ihren Mentalkörper. Diese Körper sind die zwei Säulen der Freimaurer-Tempel: Jachin und Boas, deren Hauptbasis der kubische Stein von Jesod ist, der ätherische Körper. Konzentrieren Sie sich gut auf diese beiden Körper, und nachdem Sie festgestellt haben, dass Sie keiner von beiden sind, sondern dass diese Zwei weitere Ihrer Ausdrucks-Werkzeuge sind, entfernen Sie sie aus Ihrem Geist, indem Sie sagen: *Ich bin nicht mein Astralkörper. Ich bin nicht mein Mentalkörper.*

Entledigen Sie sich Ihrer vier sündhaften Körper, wenn Sie in dieser Etappe Ihrer Meditation ankommen und treten Sie in der Mitte hindurch zwischen diesen beiden Säulen des Tempels, der Ihr lebendiger Körper ist; eine Säule weiß, die andere schwarz, auf ihnen steht mit Feuerbuchstaben das „Passwort" INRI geschrieben. Gliedern Sie dieses Wort in zwei Silben auf und vokalisieren Sie sie unmittelbar eine nach der anderen auf diese Weise:

InnnnnnnnnnnRiiiiiiiiiiiiiii

Anschließend treten Sie hinaus, um in der Welt des Feuernebels ohne Ihre vier materiellen Zentren umherzustreifen. Kehren Sie in Ihren Körper zurück, um weiterzuarbeiten, und konzentrieren Sie sich nochmals auf die schwarze Säule Ihres lebendigen Tempels, auf Ihren Astralkörper. Versuchen Sie das schrille Zirpen der Grille zu hören, über das wir in der Monografie Nr. 4 sprachen, das schrille Zirpen, das die Essenz des „verlorenen Wortes", INRI, ist, und ohne aufzuhören, dieses schrille Zirpen zu hören, welches jetzt aus den Zellen Ihres Gehirns kommt, konzentrieren Sie sich auf die weiße Säule, Ihren Mentalkörper.

Bleiben Sie nicht stehen, fahren Sie in der Meditation fort. Konzentrieren Sie sich auf Ihren Willenskörper, bis Sie sich seiner bewusst sind, und wenn Sie festgestellt haben, dass Sie nicht dieser weitere Ihrer Körper sind, entfernen Sie ihn aus Ihrem Geist, indem Sie sagen: "Ich bin nicht mein Willenskörper."

Gehen Sie einen Schritt in ihrer Meditation weiter. Konzentrieren Sie sich auf Ihren Körper des Bewusstseins, identifizieren Sie ihn und stellen Sie fest, dass Sie nicht er sind, dass es sich um ein weiteres Ihrer wunderbaren Ausdrucks-Werkzeuge handelt, und entfernen Sie ihn, indem Sie sagen: *Ich bin nicht mein Bewusstseinskörper.*

Nun aber, wer bin ich? werden Sie fragen. Und eine sehr leise und süße Stimme wird Ihnen antworten: *Du bist Ich. Der Innerste, das Spiegelbild des Christus-Ich. Du und ich, wir sind eins.* Versuchen Sie sich in diesem Moment mit Ihrem innersten Christus zu identifizieren.

Fühlen Sie sich als Er. Sagen Sie sich: Ich bin Er... Ich bin Er... Ich bin Er...

Wenn dieser Bewusstseinszustand erreicht ist, sprechen Sie geistig das Mantram „Pander“ aus.

Teilen Sie dieses Mantram in zwei Silben auf. Sprechen Sie eine unmittelbar nach der anderen aus, indem Sie den Klang in die Länge dehnen. Dieses Mantram wird Ihnen helfen, sich mit Ihrem innersten Christus zu identifizieren.

Durch die tägliche Einkehr werden Sie es schaffen, Ihr Bewusstsein in einem solchen Grad zu erwecken, dass Sie während des Schlafes im Astralkörper mit der gleichen Natürlichkeit und Klarheit handeln werden wie im physischen Körper.

Und wenn es Ihnen aufgrund Ihrer Aufrichtigkeit und Hingabe in Ihrer Ekstase erlaubt wird, die zentralen Punkte zu besuchen, auf welche sich das Universum stützt, und die allegorisch gesprochen, wie Löcher erscheinen, werden Sie die göttliche Majestät des Absoluten betrachten können.

Die innere Meditation beschleunigt das Erwachen der gefiederten Schlange, deren Aufstieg den Eingeweihten vom „Rad der Geburten“ befreit. Man muss jedoch ihren Aufstieg fördern, indem man zuerst über Ida und später über Pingala meditiert, feurige Ströme, die auf der linken Seite negativ sind und rechts positiv; diese steigen an den Seiten des Rückenmarks hinauf bis zum Chakra der Hypophyse. Ihr Aufstieg geht dem des heiligen Feuers von Quetzalcoatl voraus.

Um es dem ätherischen Körper zu ermöglichen, sich während des Schlafes der Aufgabe zu widmen, die Abnutzung des physischen Körpers wieder auszugleichen, treten wir alle in den Astralkörper ein; aber willentlich, bewusst, soll man in den Astralkörper eintreten, sooft man es wünscht. Auf der Astralebene werden wir Sie Prüfungen unterziehen, um Ihre Qualitäten und Ihre Fehler kennenzulernen: Wenn Sie jedoch trotz der Übungen, die wir erklärt haben, es nicht geschafft haben, willentlich in den Astralkörper einzutreten, empfehlen wir Ihnen, dass Sie ausdauernd die innere Meditation üben. Auf diese Weise werden Sie die natürliche Kraft wiedererlangen, Ihren Astralkörper zu benutzen, eine Kraft, die Sie zurzeit verloren haben.

Übung

Während mindestens sieben Tagen und jeweils nicht kürzer als 30 Minuten, fühlen Sie, während Sie vor dem Einschlafen im Bett liegen, wie das Heilige Feuer des Heiligen Geistes, welches in Ihren Körper durch die Zirbeldrüse eindringt, und welches auf seinem Abstieg Ihren Chakren der Hypophyse, des Kehlkopfes, des Herzens und des Solarplexus in Bewegung gebracht hat, weiter hinuntergeht bis zum Chakra der Prostata und es von links nach rechts kreisen lässt, sodass dieses strahlt wie eine schöne feurige Lotusblüte in Bewegung.

Jeden Morgen, nach Ihrer morgendlichen Körperpflege, bleiben Sie mit dem Gesicht nach Osten gewandt stehen, wie wir es Ihnen in der vorangegangenen Monografie empfohlen haben und sprechen Sie die Mantrams INRI und „Pander“ aus, bis Sie mit ihnen vertraut werden; ebenso sprechen Sie allmorgendlich eine der Silben aus, die wir Ihnen in den vorangegangenen Monografien gegeben haben.

Als Übung für diese sprechen sie die Silbe AN aus, auf diese Weise:

Annnnnnnnnnnnn.

Der Meister

Monografie Nr. 10

Huehueteotl

Die Lehren der Nahua-Meister, der Tlamatinimes, haben viele Punkte gemeinsam mit dem jüdischen Sepher Yetsirah, bei dessen 32 Wegen der Weisheit von der Dualität des Ain-Soph und seiner zehn Sephirote gesprochen wird. In der Monografie Nr.3 sprachen wir von der Wirbelsäule, dem Lebensbaum im Menschen – und nur als Hinweis – wir werden jetzt vom Baum der Weisheit sprechen, von den zehn Sephiroten, mit deren zweiundzwanzig schöpferischen großen Arkanen, den Buchstaben, Tönen und Zahlen, der Logos das Universum geformt hat.

Aus Ain-Soph geht die ganze Schöpfung hervor, aber die Schöpfung ist weder in der Essenz noch in der Potenz dem Ain Soph gleich, welches durch sein göttliches unerschaffenes Licht aus sich selbst eine Intelligenz, eine Macht ausstrahlt; wenn die Schöpfung auch ursprünglich an der Vollkommenheit und Unendlichkeit seines Glaubensbekenntnisses teilhatte, so hat sie durch die Abstammung von ihm einen endlichen Aspekt bekommen. Die Kabbala nennt diese erste spirituelle Ausstrahlung von Ain-Soph den unaussprechlichen Alten der Tage, der das Sein unseres Seins ist, der Vater und die Mutter in uns.

Die Nahuas nannten ihn Huehueteotl, den Vater der Götter und der Menschen, den Alten Gott. Die erste und letzte Synthese unseres Seins. Auf dem Grunde des Bewusstseins jedes Mannes und jeder Frau lebt der Alte der Tage. Das Haupthaar des Alten der Tage hat 13 Locken. Wenn wir die Quersumme aus der Nummer 13 bilden, werden wir die 1 plus die 3 erhalten, was 4 ergibt. Eins ist das maskuline Prinzip: das Feuer, zwei ist das feminine Prinzip: das Wasser, drei, der Sohn, ist die universelle Schöpfung, vier ist das heilige Tetragrammaton. Dies ist der Name des ewigen Yod-He-Vau-He. Der Alte der Tage ist die Güte aller Güte, unendliche Barmherzigkeit, das Verborgenste aller verborgenen Dinge. Das Mantram „Pander" und die anschließende Meditation erlauben uns, bis zu Ihm zu gelangen.

Da das Ain-Soph sich nicht auf der begrenzten physischen Ebene ausdrücken konnte, drückt es sich durch seine zehn Sephirote aus. Sein

Ausatmen nennt man den kosmischen Tag, sein Einatmen die kosmische Nacht. Während der kosmischen Nacht löst sich das Universum in das Ain Soph auf und es existiert nur in seinem Geist und in dem seiner Götter; was jedoch in seinem Geist existiert und in dem Ihrigen, existiert objektiv im abstrakten absoluten Raum.

In Ain-Soph gibt es eine merkwürdige Evolution, welche nicht einmal die Menschen kennen. Jenseits des Innersten ist der Logos oder Christus. Jenseits des Christus ist der unaussprechliche Alte der Tage. Jenseits des unaussprechlichen Alten der Tage ist das Ain-Soph oder das Absolute.

Das Absolute ist das Sein alles Seins. Es ist, was es ist, was es immer war und was es immer sein wird. Es drückt sich als Bewegung und Ruhe abstrakter Absolute aus. Es ist die Ursache des Geistes und der Materie, aber es ist weder das eine noch das andere. Es ist jenseits des Gedankens und der Handlung, es ist jenseits des Klanges, der Stille und der Sinne.

Das Absolute ist jenseits der Zeit, der Zahl, des Maßes, des Gewichtes, der Beschaffenheit, der Form, des Feuers, des Lichtes und der Dunkelheit. Dennoch ist es das unerschaffene Feuer und das unerschaffene Licht. Das Absolute hat drei Aspekte. Das Nicht-Offenbarte, der Geist des Lebens, der alles Sein belebt und die chaotische, geruchlose, atomisch-samenhafte Materie.

Seine zehn Sephirote werden von einer unendlichen Subjektivität bis hin zu einer unendlichen Objektivität ausgestrahlt. Als sich das Morgengrauen des kosmischen Tages ankündigte, erbebte das Universum vor Schreck. Im Bewusstsein der Götter und der Menschen kam eine seltsame und erschreckende Dämmerung auf und das unerschaffene Licht begann sich von ihrem Bewusstsein, zu entfernen. Damals weinten die Götter und die Menschen wie Kinder angesichts des Morgengrauens des großen kosmischen Tages.

Der kausale Logos des ersten Augenblicks erinnerte die Götter und die Menschen an ihre karmischen Schulden und die Pilgerreise des Menschen von einer Welt zur anderen begann. Bis er zur Erde gelangte, wo er heutzutage dem „Rad der Geburten und Tode" unterworfen lebt, bis er lernt, ein durch das Gesetz der Liebe regiertes Leben zu führen.

Das Universum tauchte aus den Eingeweiden des Absoluten auf und das unerschaffene Licht ging in einem nostalgischen Sonnenuntergang unter. So stiegen die Götter und die Menschen zwischen den Schatten des Universums herab. Das Opfer war vollbracht und die Kabbalah hält es in ihrem Arkanum Nr.12 fest; wenn wir aus der Nummer 12 die Quersumme bilden, erhalten wir die 3. Eins ist das maskuline Prinzip, das Feuer, der Samen. Zwei ist das feminine Prinzip, das Wasser. Drei ist das Universum, der Sohn.

Der aktuelle kosmische Tag wird durch einen blauen Pelikan symbolisiert, der sich mit dem Schnabel die Brust öffnet, um seine eigenen Innereien zu trinken, aus denen alles Erschaffene hervorgeht.

In vorangegangenen Monografien sprachen wir von den sieben Körpern des Menschen, von denen sechs dazu dienen, dass dieser sich in jeder der Ebenen der „Vierten Dimension" ausdrücken kann: der ätherischen, astralen, mentalen, kausalen Ebene, der Ebene des Bewusstseins, des Innersten.

Diese Ebenen sind atmosphärische, atomare Regionen, Welten, die sich gegenseitig durchdringen, ohne sich zu vermischen: Aus der Substanz jeder einzelnen dieser Ebenen sind die sechs Körper gemacht, die für die Netzhaut des physischen Auges des Menschen unsichtbar sind und die sich ihrerseits gegenseitig durchdringen, ohne sich zu vermischen. Die „vierte Dimension" existiert im Geist des Menschen, und nur die individuelle Entwicklung des Bewusstseins ermöglicht es, dass dieser bewusst und willentlich in den supersensiblen Welten handelt, welche von göttlichen Intelligenzen regiert werden.

Das Gesicht von Tonatiuh im aztekischen Kalender ist das Gesicht von Omecihuatl, dem Herrn und der Herrin der Dualität, Gott des Lebens, der Liebe und der Zeugung, welches in zwei konzentrischen Kreisen eingeschlossen ist, welche von vier Quadraten eingerahmt werden und diese befinden sich innerhalb von zwei weiteren konzentrischen Kreisen (das nicht-offenbarte Absolute, Ipalnemohuani).

Sie enthalten alles, die katzenhaften Krallen von Quetzalcoatl, die menschliche Herzen zerfetzen, die Sonne Wind oder 4 Ehecatl, die Sonne Feuer oder 4 Quiahutl, die Sonne Wasser oder 4 Atl, die Sonne Jaguar oder 4 Ocelotl und das Wasser der Sonne oder 4 Ollin; den Osten und den Westen, den Norden und den Süden, die 20 Tage des Monats usw.

Dies erklärt den Grund der Verehrung der Nahuas für die Sonne und die duale Bedeutung, die die Zahlen bei ihnen hatten.

Übung

In der vergangenen Woche ließen wir das Heilige Feuer des Heiligen Geistes den Lotus Ihres Chakras der Prostata von links nach rechts in kreisförmige Bewegung bringen. Jetzt fühlen Sie, sehen Sie mit Ihrer Vorstellung, dass das Feuer weiter hinuntergeht und zum Steißbein-Nervenknoten Ihres Chakra Muladhara gelangt und den wunderbaren Lotus mit vier Blütenblättern - immer von links nach rechts - kreisen, lässt, den sie in dem besagtem Nervenknoten haben. Sehen sie sich strahlend, leuchtend, Feuer aus all ihren sieben Haupt-Chakren aussendend, die sich wie Feuerblumen um sich selbst drehen und deren Stiele aus Ihrer Wirbelsäule wachsen.

Monografie Nr.11

Tepeu K'Ocumatz

Tepeu K'Ocumatz ist bei den Azteken der Alte der Tage. Der Alte der Tage ist androgyn, das heißt, Mann und Frau zur gleichen Zeit. Der Alte der Tage ist der Vater in uns. Somit ist Tepeu K'Ocumatz das Sein unseres Seins.

Das legitime Ich des Ichs. Die erste und letzte Synthese unseres Seins. Der Alte der Tage ist die erste Ausstrahlung des Absoluten. Auf dem Grunde des Bewusstseins jedes Menschen gibt es einen Alten der Tage.

Das Haupthaar des Alten der Tage hat dreizehn Locken. Wenn wir die Quersumme aus dieser Anzahl bilden, werden wir eins plus drei gleich vier erhalten. Eins ist das maskuline Prinzip: Feuer. Zwei ist das feminine Prinzip: Wasser. Drei ist der Sohn der universellen Schöpfung.

Diese Schöpfung zusammen mit der Einheit des Lebens ergibt vier. Vier ist das Heilige Tetragrammaton. Dies ist der Name des ewigen Yod-He-Vau-He. Der Bart stellt den Wirbelwind dar, die vier Winde, den Hauch, das Wort. Die vier Winde sind das Yod-He-Vau-He.

Der Alte der Tage ist die Güte aller Güte. Das Verborgenste aller verborgenen Dinge. Die absolute Barmherzigkeit. Das Mantram „*Pander*" erlaubt es uns, bis zum Alten der Tage zu gelangen.

Dies ist durch die tiefe Meditation möglich. In der Welt von Aziluth gibt es einen wundervollen Tempel, wo man uns die majestätische Gegenwart des Alten der Tage zeigt. Um den Alten der Tage in uns selbst zu verwirklichen, müssen wir in uns die Nummer 13 vollkommen verwirklichen. Wir brauchen den höchsten Tod und die höchste Auferstehung. Der Alte der Tage lebt in der Welt von Kether. Der Leiter dieser Welt ist der Engel Metraton.

Dieser Engel war der Prophet Henoch. Mit seiner Hilfe können wir in sehr tiefer Meditation in die Welt von Kether eintreten. Der Schüler, der in seinen Zuständen tiefer Meditation in Kether eindringen will, wird den Engel Metraton anflehen und er wird Hilfe erhalten. Die aztekische Göttin des Todes hat eine Krone mit neun menschlichen Totenköpfen.

Die Krone ist das Symbol des Alten der Tage. Der Totenkopf ist die mikrokosmische Entsprechung des Alten der Tage im Menschen. Wir brauchen wirklich den höchsten Tod der menschlichen Persönlichkeit. Die menschliche Persönlichkeit muss sterben. Wir brauchen die höchste Auferstehung, um den Alten der Tage in uns zu verwirklichen. In der Welt von Kether verstehen wir, dass alles Erschaffene vom Großen Gesetz regiert wird.

Von der Welt des Alten der Tage aus sehen wir die Menschenmengen wie Blätter, die vom Winde weggerissen werden. Der große Wind ist das schreckliche Gesetz des Alten der Tage. „Vox Populi Vox Dei". Eine soziale Revolte, von der Welt des Alten der Tage aus betrachtet, ist ein in Handlung umgesetztes Gesetz.

Jede Person, ganze Menschenmengen, erscheinen wie vom Baum abgerissene Blätter, die vom großen Wind herumgewirbelt werden. Erbärmliche Blätter, die vom großen Gesetz fortgetragen werden. Der Alte der Tage ist unser authentisches Ich in seinem Urgrund. Er ist der Vater in uns. Er ist unser wahres Sein.

Übung

Unsere Schüler müssen sich jetzt konzentrieren und sehr tief über den Alten der Tage meditieren. Während der Meditation sollen sie den freiwilligen Schlaf hervorrufen. So werden sie zu einer sehr tiefen Erleuchtung gelangen. Möge der Frieden in allen Herzen herrschen. Vergessen wir nicht, dass der Frieden das Licht ist. Vergessen wir nicht, dass der Frieden eine Essenz ist, die aus dem Absoluten ausstrahlt. Er ist Licht, das vom Alten der Tage kommt. Christus sagte: *Ich gebe euch meinen Frieden, ich schenke euch meinen Frieden.*

Der Meister

Monografie Nr. 12

Coatlicue

Foto: Museo Nacional de Antropologia

Ometecuhtli, Omecihuatl (Herr und Herrin der Dualität).

Ome: zwei, Tecuhtl: Herr. Omecihuatl – Ome: zwei, Cihuatl: Herrin. Aus diesem dualen Prinzip, dem Männlichen und Weiblichen, ging das ganze Universum hervor. Dieser Gott und diese Göttin hatten vier Kinder, die vier Texcatlipocas: Xipetotec, den Farbigen, Tezcatlipoca, den Schwarzen, Quetzalcoatl, den Weißen und Huitzilopochtli, den Blauen. Diese göttliche und unsichtbare Zweiheit brachte die vier Farben der vier Rassen hervor, welche heute die Welt bevölkern.

Ometecuhtli hat das Aussehen des kosmischen Christus, die Nahuas stellten ihn mit schön verzierten Gewändern und steinernem Phallus dar, dem Symbol des Lichtes. Omecihuatl hat ganz das Aussehen der kosmischen Jungfrau. Die Nahuas stellten sie mit einem blauen Mantel von außergewöhnlicher Schönheit und fehlender Bedeckung dar. Er ist Huehueteotl, „der alte Gott, Vater der Götter und der Menschen. Sie ist Tonantzin, unser liebes Mütterchen."

Im Museum für Anthropologie und Geschichte der Stadt Mexiko gibt es einen Monolithen von beeindruckender vierfacher Bedeutung. In seinem höchsten Teil, zwischen dem Ring ihres zusammengerollten Körpers, zeigt sich eine kostbare und große Schlange mit doppeltem Gesicht, welche wie der Janus der griechisch-römischen Religion nach vorne und hinten blickt. Runde und durchdringende Augen, halb geöffnete Schlünde, aus dem unterhalb der vier oberen Schneidezähne, die gebogen und scharf mit den Spitzen nach außen zeigen, große und gespaltene Zungen hängen.

An ihrer Brust hängen die welken Brüste und eine lederne Halskette, geschmückt mit Herzen, welche von vier Händen eingeschlossen sind, die sich nach außen öffnen. Sie endet auf der Höhe des Nabels der Gottheit in einem Totenschädel und reicht hinauf bis zu ihren Schultern. Ihre Arme sind an den Körper angelegt, die Unterarme angewinkelt, die Hände enden in den Köpfen kostbarer Schlangen mit halb geöffnetem Schlund und oberen Schneidezähnen, wie Krallen, unter denen in einer vertikalen Linie durch die Mitte jedes ihrer Gesichter glatte und geometrisch-kubische Rechtecke als Symbol der Perfektion der Werke ihrer Hände liegen. Auf ihren Schultern und Ellbögen sind Tigerkrallen und Adleraugen.

Ihr kurzer Rock aus verflochtenen Schlangen mit den Köpfen nach unten wird in ihrer Taille durch einen weiten Gürtel aus kostbaren Schlangen gehalten, die sich hinter dem Totenschädel mit den gefüllten Augenhöhlen und dem herausfordernden Blick verbinden und ihre Köpfe wie die Enden einer Krawatte nach vorne hängen lassen, ohne sich zu verknoten. Sie symbolisieren, dass alles, was im Universum existiert, das Produkt des sexuellen Feuers ist.

Der Totenschädel am Nabel der Gottheit ist weder das Ende ihrer Kette noch die Schnalle des Gürtels ihres Rockes, sondern Coatlicue, die Verschlingerin der Menschen, die Göttin der Erde und des Todes, deren Körper sich vorne zwischen den Oberschenkeln als Umriss zeigt, vom Unterleib bis zu den Füßen der Gottheit.

Viele Herzen und zwei Gehänge aus Quetzallifedern schmücken die Seiten des Unterrocks, der bis zu ihren Knöcheln hinunterreicht und in einer breiten Fransenborte verwobener Federn endet, geschmückt mit Knöpfen, von denen sechzehn lange Klapperschlangen herunterhängen. Die gewundene und dicke Schlange zeigt die Schlünde mit den vorderen Schneidezähnen, die wie Krallen sind, zwischen den vier Krallen eines jeden Fußes der Gottheit. Und auf jedem ihrer Füße sind als Flachrelief zwei Adleraugen, die versuchen, bis in die Unendlichkeit zu schauen.

Und im unteren Teil, auf der Standfläche der Skulptur, ist Mictlantecuhtli als Flachrelief mit geöffneten Armen und Beinen in Form des Andreaskreuzes. Vom Gesäß aus, zwischen den Oberschenkeln, vom Unterleib aus, steigt das universelle schöpferische Feuer nach unten und an ihrem Nabel öffnet sich das Maul des Abgrundes.

Auf ihren Schultern hat die Kette zwei Herzen inmitten von vier Händen, die sich zum Höchsten flehend öffnen und inmitten der Hände, auf der Wirbelsäule, enden ihre Spitzen in einem Seemannsknoten, geschmückt mit vier Knöpfen. Der Totenkopf, der am Rücken, aber auf der Höhe des Schulterblatts, den Gürtel ihres Schlangenrockes zu schließen scheint, symbolisiert Tonantzin, die Mutter der Götter, die im hinteren Teil des Rockes von Coatlicue verborgen ist und von den Menschen dieser Generation vergessen wurde.

Ihre Figur kommt im hinteren Teil des Rockes der Gottheit heraus: Sie trägt eine verschnürte Tunika, die bis zu ihren Füßen hinabreicht, mit einer einzigen und riesigen Kralle abschließt und in sieben länglichen Kugeln endet, dem Emblem der Vollkommenheit, des Opfers.

In ihrer Halskette, wo die Schilddrüse ist, hängen zwei große steinerne Zungen. Auf der Tunika ist ein geschnürtes Pektoral, das mit sechs Quasten abschließt, dem Emblem der Schöpfung, und vorne, unter dem Pektoral, auf der Höhe des Unterleibs, ist ein Gehänge aus allerfeinsten Pfeilen, von dem zwei große steinerne Zungen hängen, welche in ihrer Gesamtheit das universelle Feuer der Schöpfung darstellen.

Von der kostbaren Schlange, die die Gesamtheit des Monolithen abschließt, „geht ein Gefühl des Mütterlichen aus“ und ihr Kopf mit dem doppelten Gesicht ist das Emblem des göttlichen Paares. Der hintere Teil, von den Schultern bis zu den Füßen, symbolisiert Tonantzin, die Mutter der Götter und ihre Brust mit den welken Brüsten, geschmückt mit der Kette aus Händen und Herzen symbolisiert Coatlicue, den Schatten von Tonantzin, die das Leben ist. Coatlicue ist der Tod. Die Kinder von Tonantzin sind Kinder des Heiligen Geistes und der Keuschheit. Die Kinder von Coatlicue sind Kinder der Hurerei und des Ehebruchs.

Während der sexuellen Vereinigung drücken sich die schöpferischen Kräfte von Ometecuhtli Omecihuatl aus, welche nur mit dem einen Ziel in die Organe der menschlichen Fortpflanzung hinabsteigen, dass sich in der physischen Ebene ein neues Sein ausdrücken möge. Wenn sich der Mann und die Frau nur aus Lust vereinen, wegen des tierischen Vergießens der Samenflüssigkeit, versinken seine solaren und ihre lunaren Kräfte in den atomischen Abgründen der Erde und beide verwandeln sich in Sklaven des Abgrundes. Aber wenn die Liebe die Antriebskraft ihrer Vereinigung ist und sie in ihren sexuellen Zärtlichkeiten nicht huren, erwacht die kostbare Schlange mit Quetzallifedern in ihnen, sie bewegt sich und steigt, zu Quetzalcoatl geworden, zu ihrem Ursprungsort auf und dieses Paar wird sich zu Göttern entwickeln.

Auf der Schwelle des Heiligtums des Tempels zeigen die Meister dem Eingeweihten ein Buch, in welchem alle Gesetze der göttlichen Mutter niedergeschrieben sind. Angesichts dieses Buches ziehen sich viele vor Schreck zurück, wenn sie erfahren, dass sie ihre Persönlichkeit beseitigen müssen. Sehr wenige sind es, die die Probe der Schwelle des Heiligtums bestehen; diejenigen, die sie bestehen, erhalten einen schweren Ring aus feinem Gold, das Symbol der Macht.

Der Eingeweihte muss sterben, aufhören zu sein, um zum Sein zu gelangen. Aber zuvor muss er in den Schoß der göttlichen Mutter zurückkehren und sexuelle Magie mit seiner keuschen Frau üben, damit er spirituell geboren werden kann. Wer die Gesetze der Mutter nicht kennt, wird niemals zum Vater gelangen.

Reinigen sie ihren Verstand und den ihrer Geliebten von allen lüsternen Gedanken und führen sie in einer Regung der Liebe sanft den Phallus ein. Streicheln Sie sie mit Süße und ziehen sie sich beide rechtzeitig zurück, um die Samenflüssigkeit nicht zu vergießen. Die Frau, wie auch der Mann, verwirklicht sich selbst mittels der Liebesmagie. Diese Formel erzieht die Willenskraft zu ihrer höchsten Ausdrucksweise.

Übung

Bitten sie mit ihrem ganzen Herzen, dass das Heilige Feuer des Heiligen Geistes auf Sie herabkommen möge. (Lukas 11-13)

Die Kanäle, durch die die sieben feurigen Schlangen zum Gehirn aufsteigen, heißen auf Sanskrit Sushumna. Ein siebenfältiger Kanal, der inmitten des Rückenmarks bis zur Hypophyse aufsteigt. Auf beiden Seiten des Rückenmarks gibt es einen sehr feinen Kanal, Ida auf der linken Seite und auf der rechten Seite Pingala. Durch sie steigt das heilige Feuer des Heiligen Geistes zuerst bis zur Hypophyse.

In der empfohlenen bequemen Haltung, die sie für ihre Meditationen ausgewählt haben, konzentrieren sie sich, nachdem sie ihren Geist geleert haben, auf das heilige Feuer des Heiligen Geistes und sehen Sie mit den Augen der Seele, dass dieses von ihrem Prostata-Chakra zu Ihrem Solarplexus und gleichzeitig durch Ida und Pingala, auf beiden Seiten des Rückenmarks, aufsteigt. Diese Übung soll mindestens dreißig Minuten täglich dauern und muss immer zur gleichen Uhrzeit gemacht werden. Damit Sie mit ihren Studien Erfolg haben, dürfen Sie weder Alkohol trinken noch rauchen, noch rotes Fleisch essen. Machen Sie sich keine Sorgen, kultivieren sie die Gewohnheit, glücklich zu sein.

Monografie Nr.13

Die Arbeit des Eingeweihten

Der Mensch vereint sich mit seinem inneren Christus, wenn er bewusst seine sieben Schlangen erhebt, die bei ihrem Aufstieg entlang des Rückenmarks die sieben Lichter des Leuchters des lebendigen Tempels seines Körpers nach und nach anzünden und wenn die zwei Reihen von Nervenknoten zwischen Gehirn und Rückgrat, jeweils eine auf jeder Seite der Wirbelsäule, durch das heilige Feuer des Heiligen Geistes erstrahlen, das bei dem Aufstieg bis zum Gehirn den Schlangen vorangeht.

Dies ist die angestrebte Arbeit, die nicht immer von der Vereinigung des Eingeweihten mit dem Christus gekrönt ist; wird sie aber von der Vereinigung gekrönt, ist der Mensch nicht nur mit dem Christus eins, sondern auch mit dem Absoluten, und wenn der verwesliche Mensch mit der Unsterblichkeit bekleidet würde, dann würde sich das Wort erfüllen, das geschrieben steht: *Der Tod ist verschlungen vom Sieg.*

Der Innerste ist der wahre Mensch, der in jedem menschlichen Körper inkarniert lebt, und den wir alle gekreuzigt in unserem Herzen tragen. Wenn der Mensch aus seinem Schlaf der Ignoranz erwacht, dann widmet er sich ganz seinem Innersten.

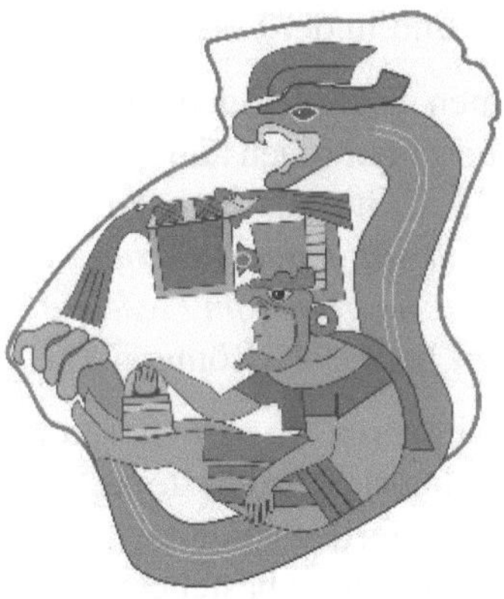

Dieser vereint sich mit dem Christus und der Mensch wird allmächtig wie das Absolute, aus dem er hervorging. Der Innerste ist Gott im Menschen. Der Mensch, der diese große Wahrheit nicht kennt, ist nur ein Schatten, der Schatten seines Innersten.

Der Mensch glaubt sich alleine im Universum, getrennt von Gott und seinen Mitmenschen. In Wahrheit war er nie getrennt von Gott und seinen Mitmenschen noch ist er es jetzt. Wenn alle Menschen wüssten, „dass wir in Gott sind, leben und uns bewegen", würden sie aufhören gegeneinander zu kämpfen und es gäbe die Ignoranz, die Armut, das Böse und den Schmerz auf der Erde nicht mehr.

„So wie ein Mensch denkt, so ist sein Leben“. Aus seinem irrigen Denken ging das falsche Bewusstsein der Trennung zwischen dem Menschen und seinem Schöpfer hervor, und zwischen dem Menschen und seinen Mitmenschen. Aus diesem Bewusstseinszustand entstand das „Ich“, dass seine Wohnstätte in den sündigen Körpern hat: dem Physischen, dem Ätherischen, dem Astralen und dem Mentalen; das „Ich“ wurde im menschlichen Bewusstsein geboren, nachdem Adam und Eva aus dem Paradies ausgestoßen worden waren und es bleibt auf des Grabes Schwelle versteckt, wenn der physische Körper stirbt, und wartet darauf, dass der wahre und unsterbliche, aber nicht verwirklichte Mensch wieder geboren wird, damit es in diesem neuen Körper seine gescheiterten Wünsche, Macht, Reichtümer, Vergnügungen usw. verwirklichen kann. Im „Ich“ haben wir den Grund aller Sünden und Leiden der Menschheit zu suchen.

Wir sind wahrlich nicht, was wir glauben zu sein. Sie sind nicht Josef oder Maria, sondern der Innerste, den die Azteken in ihrer Theogonie Quetzalcoatl nennen, den göttlichen Zwilling. Betrachten sie die zwei Feuer-Schlangen an der unteren Kante des Sonnensteines, die sich gegenüberstehen und sich an den Zungen berühren. In der Monographie Nr. 7 sagten wir, als wir über die Xiucoatls sprachen: Sie sind die ewigen Gegensatzpaare, und in dieser Monographie fügen wir hinzu: Sie sind das Symbol des Innersten im Mann und in der Frau.

Der Innerste hat zwei Seelen und einen siebenfältigen Körper in jedem seiner Pole, die sich im Maskulinen und Femininen äußern; diese wurden ihm von Gott Jehova gegeben, als er ihn aus dem Paradies hinauswarf. *Aber in meinen Gliedern sehe ich ein anderes Gesetz, das mit dem Gesetz meines Geistes im Streit liegt und mich im Gesetz der Sünde gefangen hält, das in meinen Gliedern herrscht.* (Römer 7, 23)

Bei der fünften Einweihung in die höheren Mysterien vereint sich die Willens-Seele mit dem Innersten und hört auf zu bestehen. Bei der sechsten Einweihung in die höheren Mysterien vereint sich die Bewusstseins-Seele mit dem Innersten und hört auf zu bestehen.

Der Innerste ist Gott im Menschen. Das „Ich“ ist Satan im Menschen. Das Symbol des Innersten ist der fünfzackige Stern, die

Pyramide, das gleicharmige Kreuz, das Zepter. Wenn Sie Ihre Meditationsübungen machen, konzentrieren Sie sich auf den Innersten, der Sie selbst sind, und sprechen Sie voller Verehrung das Mantram: Om-Nis-Aun aus. *Und er wird in das Paradies entrückt werden, wo er unaussprechliche Worte hören wird, die kein Mensch enthüllen kann.*

Der befreite Mensch ist ein Meister seiner selbst. Er ist nicht gezwungen, sich zu reinkarnieren. Wenn er sich reinkarniert, so geschieht es freiwillig und aus Liebe, um der Menschheit zu helfen. Aber er folgt in jedem Fall immer dem engen Pfad der Pflicht, der Liebe und des Opfers, der ihn direkt zum grenzenlosen Glück des Absoluten führt.

Wenn der Eingeweihte an der Schwelle des Heiligtums vor dem Dilemma: sein Innerster oder sein „Ich“ zurückweicht, dann flieht langsam die Wahrheit vor ihm. Deshalb sagten wir in der Monografie Nr.8, dass sich im Weihrauch des Gebetes das Delikt verbirgt, dass das Verbrechen sich am Altar in die Tunika der Heiligkeit hüllt und eine Märtyrerhaltung einnimmt.

Dieses Mal hat das „Ich“, der Prinz dieser Welt, wie es die Schriften nennen, in seinem Kampf um den Körper gesiegt. Der Körper, den es so sehr liebt und so sehr braucht, um zu moderieren und zu genießen, wäre ihm beinahe entwischt, der Schlag war schrecklich. Jetzt wird es wachsam sein: Seine Leidenschaften werden nicht leicht zutage treten. Es verkleidet sich mit dem Aussehen eines schönen Kindes, aber jetzt ist es gefährlicher, schlauer, es will kein Geld, sondern Macht, es möchte keinen Ruhm, sondern Ehre, die Welt der menschlichen Herde, und dass diese es verehrt und ihm die Hand küsst und es einen großen Prälaten oder einen großen Meister nennt.

Es schreibt Bücher, diktiert Konferenzen und genießt es, von seinen großen Werken zu sprechen. Wie die Theaterleute betört es der Applaus. Für alle seine schlechten Taten hat es eine philosophische Entschuldigung. Es schneidet sich eine Tonsur oder lässt sich den Bart und die Haare lang wachsen. Es simuliert Heiligkeit mit all seinen Gesten. Den Zorn verkleidet es als Strenge; den Stolz mit dem Verhalten eines Bettlers und es entblößt sich ohne Zurückhaltung, um von seinen großen Kräften zu sprechen und trachtet immer nach den Stühlen in der ersten Reihe.

Doch für Gott gibt es keine Zeit und keinen Raum. Während der Mensch von seinem Traum des Getrenntseins erwacht, in dem sich nur der Impuls seiner Leidenschaften bewegt – in dem Maß, dass diese die Welt beherrschen und er in Hinsicht auf Gott, sich selbst und seine Mitmenschen ein lebender Toter ist – verfeinert er seine Persönlichkeit, je nach seinen Werken werden sein Körper und sein Gesicht schöner oder hässlicher. (Lesen Sie *Das Bildnis des Dorian Grey* von *Oscar Wilde*). Nur seine Augen verändern sich sehr langsam. In allem was er tut, hinterlässt er das unverwechselbare Siegel seiner Art zu sein, zu denken, zu fühlen, zu lieben.

Und eines Tages hält er inne, ermüdet von seiner schmerzhaften Pilgerschaft auf der Erde, und kehrt zum Geliebten zurück. Auf die Befreiung dieser Art von Menschen bezieht sich der göttliche Meister Jesus Christus in seinem Gleichnis vom verlorenen Sohn.

„Erkenne dich selbst!" hieß es auf der Rückseite des Portals der Mysterientempel des antiken Griechenlands. Dies ist der Plan der Existenz selbst, dass der Mensch sich selbst als Sohn Gottes erkennen möge, als Gott selbst auf der Erde, damit sich diese in einen schönen Garten verwandle, wo die Freiheit, die Gleichheit und die Brüderlichkeit für alle Menschen das Gesetz der Liebe seien.

Dies ist der wundervolle Schlüssel der Macht aller Magier aller Zeiten. *Siehe*, sagen die heiligen Schriften, *ich habe dir heute das Leben und das Gute, den Tod und das Böse vor Augen geführt.*

Übung

In der Monografie Nr.9 sagten wir: Fragen Sie sich in Ihren täglichen Meditationszeiten: Wer bin ich? Wenn Sie treu und hingebungsvoll die Übung dieser Monografie gemacht haben, werden Sie sicherlich schon die süße und liebevolle Stimme Ihres Inneren Christus gehört haben. Wir empfehlen Ihnen, diese Monografie nochmals zu lesen, und bevor sie sich der Meditation widmen, fühlen Sie, dass Sie das sind, was Sie ewig schon gewesen sind: der Innerste.

Bestätigen Sie sich in diesem Bewusstseinszustand, indem Sie siebenmal sagen: Ich bin Er. Ich bin Er. Ich bin Er. Ich bin Er. Ich bin

Er. Ich bin Er. Ich bin Er. Und fühlen Sie, dass das heilige Feuer des Heiligen Geistes sich von Ihrem Solarplexus löst, wo Sie es bei der Übung der vorangegangenen Monografie gelassen hatten, und zu Ihrem Herzen aufsteigt, wo es sich mit Ihrem Innersten, dem wahren Sie selbst, verbindet. Ihr Innerster und Ihr innerster Christus sind ein und derselbe.

Sehen Sie, dass das heilige Feuer, seit es von Ihrem Chakra Muladhara aufgestiegen ist und Ihren ganzen Körper durchdrungen und eingehüllt hat, nach und nach Ihre schlechten Gewohnheiten verbrennt: Faulheit, Unüberlegtheit, Angst, Geschwätzigkeit, Zorn, Neid, Boshaftigkeit, Eitelkeit usw. Beenden sie Ihre Meditation, indem Sie sich auf die Worte des Apostels Paulus konzentrieren: *Es gibt einen tierischen Leib und einen geistlichen Leib*." Und sagen Sie sich, wie er sagte: *Nicht Ich lebe in mir, sondern Christus lebt in mir*. Versuchen Sie von heute an, dass dieser Bewusstseinszustand den Ton angibt und alle Taten Ihres Lebens inspiriert.

Monografie Nr.14

Das Gesetz des Karmas

Solange es eine Träne abzuwischen gibt, verzichten die Adepten, die die „Meisterschaft“ erlangt haben, auf die unaussprechliche Glückseligkeit des Absoluten, die sie verdient haben, und kehren auf die Erde zurück um zu dienen, zu trösten und zu helfen. Viele von ihnen, wie der göttliche Jesus, der Christus, nehmen das Karma der Menschen auf ihre Schultern und akzeptieren freiwillig das Martyrium oder sterben anscheinend in den unterirdischen Kerkern der Inquisition wie der Meister Cagliostro.

Die Ungerechtigkeit ist jenseits von Gut und Böse. Wenn Sie zum Licht gelangen, werden Sie wissen, was die Liebe ist, und wenn Sie wissen werden, was die Liebe ist, werden sie lieben können und verstehen, dass bewusste Liebe, Gesetz ist. Es nützt nichts, das Gute zu tun, sondern man muss es zu tun wissen.

Karma ist das Gesetz des Ausgleichs, nicht der Rache. Es gibt jene, die dieses kosmische Gesetz mit dem Determinismus verwechseln und sogar mit dem Fatalismus, da sie meinen, dass alles, was dem Menschen im Leben passiert, von vorneherein unerbittlich festgelegt wäre. Es ist wahr, dass die Anlagen, die Erziehung und die Umwelt für die Handlungen des Menschen bestimmend sind. Aber der Mensch selbst hat die Entscheidungsfreiheit und kann seine Handlungen ändern, seinen Charakter bilden, höhere Gewohnheiten annehmen, Schwächen bekämpfen, Tugenden stärken usw.

Die Meister des Karmas sind Richter des Bewusstseins, die im Jinas-Zustand leben. Derjenige, der etwas hat, womit er bezahlen kann, bezahlt und kommt in den Verhandlungen mit ihnen gut weg. Wir müssen ständig gute Werke tun, damit wir etwas haben, womit wir unsere Schulden aus diesem und den vergangenen Leben bezahlen können. Alle Handlungen des Menschen werden von Gesetzen beherrscht, einige von höheren, andere von niedrigen. Die Liebe ist die Zusammenfassung aller höheren Gesetze. Eine Handlung der Liebe wiegt vorangegangene Handlungen, die von niederen Gesetzen angeregt wurden, auf. Deshalb sagt der Meister Paulus, als er von der Liebe spricht: *Die Liebe ist langmütig und freundlich, die Liebe ist nicht eifersüchtig, die Liebe treibt nicht Mutwillen, sie bläht sich nicht auf, sie verletzt nicht den Anstand, sie sucht nicht das ihre, sie lässt sich nicht erbittern, sie trägt das Böse nicht nach, sie freut sich nicht über das Unrecht, sie freut sich vielmehr an der Wahrheit, sie erträgt alles, sie glaubt alles, sie hofft alles, sie erduldet alles.*

Der höchste der Priester des Karma-Tribunals ist der große Meister Anubis. In diesem Tribunal herrscht nur der Schrecken der Liebe und des Gesetzes. Dabei gibt es ein Buch für jeden Menschen mit seinem Soll und Haben, in welchem täglich genauestens seine guten und schlechten Taten festgehalten werden. Die guten stellen seltene Münzen dar, welche die Meister für das Wohl der Männer und Frauen, die sie ausführen, sammeln.

In diesem Tribunal finden sich auch Anwälte der Verteidigung. Aber alles muss bezahlt werden. Nichts bekommt man geschenkt. Wer gute Werke getan hat, bezahlt und kommt in den Geschäften gut weg. Die Meister des Karmas gewähren jenen, die darum bitten, auch Kredite, aber diese Kredite müssen mit uneigennützigen Arbeiten bezahlt werden, die von einer Liebe zu den Leidenden inspiriert sind.

Indem ihr den Herrn, eueren Gott, liebt und seiner Stimme gehorcht und ihm anhanget. Denn das bedeutet für dich, dass du lebst und alt wirst und wohnen bleibst in dem Lande, das der Herr deinen Vätern Abraham, Isaak und Jakob, geschworen hat, ihnen zu geben. Das Leben ist ein Schachspiel, in dem jede unserer Handlungen ein Spielzug ist. Wenn unsere Spielzüge gut, intelligent und passend sind, wird das Ergebnis Erfolg, Gesundheit und ein langes Leben sein. Wenn unsere Spielzüge aber im Gegenteil mit bösem Willen ausgeführt werden, egoistisch und unpassend, wird das Ergebnis das Scheitern, Krankheit und Tod sein.

Niemand betrüge sich selbst, was der Mensch sät, wird er ernten und seine Werke werden ihn begleiten.

Wer in das geheime Heiligtum des doppelten Hauses des Lebens gebracht wird, wo alle nach der Statur rings um den „Grossen Saal der Wahrheit“ in hockender Stellung aufgereiht sind, um das Herz zu wiegen, der wird vom obersten Hohepriester Anubis und seinen zweiundvierzig Hilfspriestern erwartet, alle mit Masken in der Form des Schakalkopfes oder gefiederten Wolfes, dem Emblem der Wahrheit.

Ganz in Weiß gekleidet und voller Schrecken wird der Eingeweihte erklären: *Ich habe niemanden zum Weinen gebracht, ich habe keine verwerflichen Handlungen begangen, ich habe das Böse nicht verübt. Ich habe die Menschen nicht mehr arbeiten lassen, als es rechtens ist. Ich habe keine Furcht eingeflößt. Ich habe die Witwen nicht gepeinigt. Ich habe die Weisen nicht unterdrückt. Ich habe nicht bewirkt, dass der Herr den Untergebenen misshandelt. Ich habe nicht getötet. Ich habe keine Tempel beraubt. Ich habe den Toten ihre Gaben nicht gestohlen. Ich habe die Waage nicht falsch geeicht. Ich habe dem Mund des Kindes nicht die Milch weggenommen. Ich habe den Herden nicht ihre Weiden genommen. Ich habe keine Vögel eingesperrt. Ich habe das Wasser nicht aufgehalten, wenn es fließen musste. Ich habe das Licht nicht ausgemacht, wenn es leuchten musste. Ich habe den Menschen keine Hindernisse in den Weg gelegt. Ich habe nicht gehurt, ich bin rein, ich bin rein, ich bin rein.*

Wenn die Meister des Karmas ihr Amt als Richter versehen, benutzen sie die heilige Maske in der Form eines Schakalkopfes oder gefiederten Wolfes, und mit ihr zeigen sie sich den Eingeweihten in den inneren Welten. Dies ist die Grausamkeit des Gesetzes der Liebe.

Das Einzige in unseren Inkarnationen, von dem wir profitieren, ist der Wert der Erfahrungen. Stirbt die Persönlichkeit, hören unsere vier sündigen Körper auf, uns zu tyrannisieren und unterwerfen sich demütig dem Willen des Innersten oder der universalen Seele.

Das „Ich“ entwickelt sich nicht weiter, es verkompliziert sich in jeder Inkarnation mehr. Viele nennen das Evolution. Die einfachen Menschen der früheren Jahrtausende sind die komplizierten und schwierigen Menschen von heute.

Die Evolution verwirklicht sich im Bewusstsein des Minerals, wenn dieses zur Pflanze erwacht, in der Pflanze, wenn sie zum Tier erwacht, im Tier, wenn dieses zum Menschen erwacht usw. Wenn das „Ich“ vollständig in uns stirbt, dann werden wir im Absoluten geboren. Aber zuvor bietet Satan uns Reiche und Paradiese an. Jene, die nachgeben, verwandeln sich in seine Sklaven und verschieben für viele

Inkarnationen ihren Eintritt in die unaussprechliche Glückseligkeit des Absoluten.

Niemand sonst kann unsere Sünden vergeben, der Christus im Menschen ist der Einzige. Die Vergebung erhält der Sünder nur, wenn er die begangene Sünde sich bewusst vor Augen führt und den unverbrüchlichen Entschluss fasst, nicht wieder zu sündigen. Deshalb sagt Salomon: *Gott hat keinen Gefallen am Tode des Sünders, sondern er möchte, dass er lebe, damit er umkehre von seinem Wege.*

Übung

Von heute an soll Ihr Verhalten sehr rücksichtsvoll sein, damit sich Ihr innerer Christus in Ihnen ausdrücken möge. Ihre Gedanken, Worte und Werke seien nur von der Wahrheit, der Liebe und der Gerechtigkeit inspiriert. Üben Sie täglich die Meditation. Dabei sehen Sie, dass das heilige Feuer des Heiligen Geistes, welches sich von Ihrer Wirbelsäule gelöst hat, um den wunderbaren zwölfblättrigen Lotus Ihres Herzchakras in Bewegung zu versetzen, sich zum nicht minder wunderbaren sechzehnblättrigen Lotus Ihres erschaffenen Kehlkopfchakras bewegt und es von links nach rechts in Bewegung bringt. Und darauf konzentrieren Sie sich länger als eine halbe Stunde, sei es nach dem Aufstehen am Morgen oder vor dem Schlafengehen am Abend.

Monografie Nr.15

Das Pantheon (Die Götterwelt)

Xiuhtecuhtli

Die kausale Ebene ist Gottes Buch der Erinnerungen. In ihm leben die Duplikate der vielen Götter, Menschen, Tiere und Dinge, die auf der Erde existiert haben. In ihm befindet sich Xiuhtecuhtli in seiner allegorischen Form, der Gott des Feuers, des Jahres, der Zeit und der Vater aller Götter, die in Tlalocan wohnen. Xiuhtecuhtli ist ein anderer Titel von Ometecuhtli, der sich auf seinen Aspekt als alter Gott, Huehueteotl, bezieht.

Xihuitl, Kraut, Jahr; Tecuhtli: *Herr des Krautes und des Jahres*.

Die Nahuas stellten ihn mit aufwändiger Krone in prächtigen Farben dar, einem kurzen Röckchen mit Quetzalliquasten, Federn wie Feuerzungen und Ohrringen aus Türkis, am Rücken ein Quetzallifederdrache und Meeresmuscheln, in der linken Hand ein goldenes Schild mit einem Kreuz von Chalchihuitl in der Mitte, in der rechten Hand ein Zepter, das in der Mitte eine Lochscheibe hat und darüber zwei Kugeln.

Das Loch in der Mitte der Scheibe ist Symbol dafür, dass Gott durch die Sonne sein Feuer über die Erde ausgießt.

In einer anderen Darstellung von Xiuhtecuhtli tritt das doppelte Gesicht dieses rotblonden Gottes aus dem Wasser hervor; die Erde ist in der Mitte des Universums, um sie herum befinden sich der Stern Venus oder Abendstern und der Mond auf ihren Umläufen auf den staubigen Wegen des Himmels.

Auf einer weiteren erscheint Xiuhtecuhtli mit dem doppelten Gesicht des Feuers in der Luft und durchquert gerade den Raum.

Chalchiutlicue

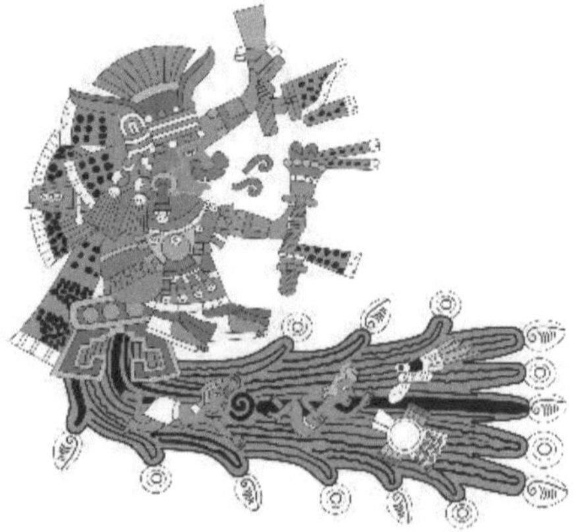

Chalchiutlicue, die Smaragdgrüne, die Kostbarkeit. Jene, die einen smaragdenen Rock trägt, die Göttin des irdischen Wassers, die Gattin Tlalocs. Die Nahuas stellten sie jung und schön dar, mit goldener Tiara, ihre Unterröcke und den Umhang mit Quetzalliquasten. In der Hieroglyphe, die ihren Rock schmückt, auf der höheren Innenseite ihrer Oberschenkel erscheint eine kostbare Nymphe mit gespaltener Zunge, ein Symbol des Lichtes.

Die Meister riefen sie im Sommer an, wenn die Flüsse durch die Trockenheit versiegten. Auf den Altar des Tempels häuften sie eine Menge Meeressalz und erflehten hingebungsvoll ihre Hilfe. Danach ging der Meister zum trockenen Flussbett eines nahen Flusses und mit dem magischen Stab öffnete er in der Ekstase zwei kleine Vertiefungen, eine neben der anderen, und füllte sie mit flüssigem Kupfer, das die Adepten zuvor zum Schmelzen gebracht hatten.

Der Meister wiederholte die Anrufung und mit seinen Händen erweiterte er eine dieser Vertiefungen. Sodann sprudelte das Wasser aus dem trockenen Flussbett und begann zu fließen.

Tlaloc

Tlaloc, der Gott des Regens. Tlalli: Erde, Octli: Wein, der Wein, den die Erde trinkt.

Die Nahuas stellten ihn immer im „Haus des Mondes“ dar, das Gesicht mit der heiligen Maske bedeckt, hinter der seine blauen Augen zu sehen sind, mit nackten Armen und Beinen, mit goldenen Reifen an den Waden und blauen Schuhen, langen Haaren, die den Rücken hinunterfallen, einem goldenen Diadem, das mit weißen, grünen und roten Federn geschmückt ist, einer Halskette aus Jadeschnüren, einer blauen Tunika, über der ein Netz liegt, dessen Rauten in Blumen enden.

In der linken Hand trägt er ein blaues Schild, auf dem sich die vier Blütenblätter einer schönen roten Blume öffnen und in der rechten Hand die goldenen Symbole für Hagel und Blitz, mit roter Farbe bemalt. Zu beiden Seiten sind zwei Gefäße mit blauen Füßen, Symbole des Wassers und des Mondes.

Dieser Gott hatte Altäre im Haupttempel und auf den Gipfeln der hohen Berge des Tales von Tenochtitlan. Niemals fehlte das Feuer auf seinen Altären und die Meister riefen ihn an, um ihm für den Reichtum der Ernten zu danken, Regen während der großen Trockenheit zu erbitten, oder dass er die Hagelwolken auflösen möge.

Bei großen Stürmen können Sie ihn, wenn Sie möchten, auch anrufen, aber Sie müssen es mit Glauben und Ehrfurcht tun.

Ehecatl

Ehecatl, Gott der Luft, des Windes, der Nacht. Unsichtbare und nicht greifbare Gottheit. Quetzalcoatl in einem anderen seiner Aspekte. Die Nahuas stellten ihn mit der Todesmaske und einem riesigen Schädel dar, oder nackt, mit einem Mund mit lang gezogenen Lippen, aus denen der Wind bläst. Wenn der Wind aus Osten blies, wo Tlalocan, das Paradies ist, nannten sie ihn Tlalocatotl, wenn er aus Norden blies, wo Mictlan, die Hölle ist, nannten sie ihn Mictlanpachecatl, wenn er aus dem Westen blies, wo die Frauen leben, die bei der Geburt sterben, Dihuatecayotl, und wenn er aus Süden blies, wo die Göttinnen sind, Huitznahua.

Die Meister riefen ihn an, indem sie drei Kerzen aus ursprünglichem Wachs am Altar des Tempels entzündeten; Ehecatl lehrt, in den Astralkörper auszutreten, hilft bei großen und kleinen Reisen, bei der täglichen Arbeit usw. Und wenn wir ihn darum bitten, befreit er uns von einer alten Krankheit, einem Übel, einem Freund, einem bösen Nachbarn, aber Ehecatl fordert Bezahlung für seine Gaben. Wer etwas von ihm möchte, muss selbstlose und gute Werke für die Menschen tun, ohne Unterscheidung von Rassen, Glaubensbekenntnissen und Schichten.

Dennoch war es für die Tlamatinime der Nahuas, die lehrten, dass der Mensch nur mit Blumen und Gesängen die Wahrheit finden kann, so, dass Xiuhtecuhtli, Chalchiutlicue, Tlaloc und Ehecatl nicht die Götter ausmachten, sondern Zahlen, Gesetze, Kräfte, Attribute, Ausströmungen, Gedanken Gottes, aber keiner von ihnen den wahren Gott, Ipalnemohuani.

Als Symbol der universellen Bewegung war Ehecatl bei der Auferstehung des göttlichen Meisters Jesus zugegen. Hierin verbirgt sich ein Arkanum. Suchen Sie es bei Johannes 12, 1-7 und Johannes 19, 38-42. Und als Teil des Textes dieser Monografie lesen Sie in der Bibel Kapitel 18 im Buch der Könige und Kapitel 24 des Lukasevangeliums.

Mit einer Salbe pflanzlichen Ursprungs, deren Ingredienzien nur die Meister kennen, wird der physische Körper vorbereitet, wenn er der „Prüfung des Todes“ unterzogen wird, dieser lebendige physische und mit seinem Sein vereinte Körper und die Sublimierung der sexuellen Kräfte bilden das Elixier des langen Lebens, welches dem Eingeweihten drei Tage gibt, in denen er verborgen unter dem Schleier der vierten Dimension gehorsam das Grab verlässt, um mit aromatischen Drogen und Salben behandelt zu werden, die von den „Heiligen Frauen“ vorbereitet wurden. Danach erhebt er sich und dringt durch das Kronenchakra in den Astralkörper seines Seins ein.

Wir haben gesagt, dass die Meister, die der unendlichen Glückseligkeit des Absoluten entsagen, anscheinend sterben, aber in Wahrheit nicht sterben. Mit dem gleichen Körper, mit dem sie unter den Menschen wirkten, leben sie ewig weiter. Der göttliche Meister Jesus lebt im orientalischen Tibet, in der verlorenen Stadt, mit vielen anderen Meistern und er wird sichtbar in der physischen Welt, wo und wann er will.

Im Augenblick der Auferstehung des Meisters Jesus stürzten alle Idole aller heidnischen Religionen von ihren Altären. In Griechenland verstummte das Orakel von Delphi, auf der Insel Kreta fand man in den Höhlen unter dem Meer den toten Minotaurus, dessen Priester ihm geschickt Vestalinnen gaben, damit er sich von ihnen ernähren sollte. Und es die mystischen kriegerischen Riten der Tenochtitlaner nahmen ein Ende, bei denen sie den Kriegsgefangenen das Herz herausrissen, um es Huitzilopochtli als Sühneopfer darzubringen.

Übung

Wählen Sie ein Zimmer ihres Hauses oder einen Teil Ihres Zimmers, wo Sie einen kleinen Schreibtisch oder Tisch aufstellen, der Ihnen als Altar dienen soll, und wo Sie im Licht zweier Wachs- oder Paraffinkerzen von heute an hingebungsvoll die Monografien dieses Kurses studieren werden. Dort, alleine, werden Sie nach einem Gebet die kosmischen Meister anrufen oder Hilfe und Inspiration von ihnen erbitten.

Setzen Sie sich in meditativer Haltung und sehen Sie, fühlen Sie, dass das Heilige Feuer des Heiligen Geistes weiter aufsteigt von Ihrem Kehlkopfchakra zum wundervollen Chakra Ihrer Hypophyse. Es ist das Auge des Propheten, das seinen Sitz zwischen den Augenbrauen hat. Sie entzünden diesen Ihren zweifarbigen Lotus mit Blütenblättern, die so fein wie Nadeln sind, und in deren Mitte ein winziger Nabel existiert, und versetzen ihn in eine Bewegung von links nach rechts.

Die Chakren sind Verbindungspunkte, durch die die göttliche Energie von einem Träger oder Körper des Menschen in einen andern fließt. Im nicht entfalteten Menschen leuchten sie fahl, aber im Eingeweihten sieht man sie strahlen wie glänzende Sonnen im Kleinen, die sich um sich selbst drehen. Von heute an konzentrieren Sie sich In ihren Meditationen auf dieses Chakra.

Der Meister

Monografie Nr.16

Der Fledermausgott

In Chiapas gibt es den Ort Tzinacatan, der von den Taczilen bewohnt wird (den Fledermausleuten), die aus der Mayafamilie sind; im Tal von Toluca befindet sich das Dorf Tzinacantepec. Im Popol Vuh (der Maya-Bibel) ist die Fledermaus ein Engel, der vom Himmel herabkam, um die ersten Mayamenschen, die aus Holz gemacht waren, zu köpfen, die himmlische Fledermaus, welche den Rat gab, was Ixabalanque und Hunab Ku tun sollten, um siegreich aus der Prüfung in der Höhle des Fledermausgottes hervorzugehen.

Wir finden Darstellungen von Tzinacan (die Fledermaus) auf Stelen, Codices und Mayagefäßen mit der Livree des Windgottes. Man sieht seinen Nasen-Anhang, die dreieckigen Zähne, die aus den Mundwinkeln nach unten ragen. In den aztekischen Codices zeichnet man ihn auf Kohlenbecken, Gläser und Pfeifen, immer so wie die Vampire der heißen Gebiete des südlichen Mexikos.

Der Mund wird durch die Eckzähne charakterisiert und die unteren Schneidezähne sind von der Zunge bedeckt, welche auf den zapotekischen Urnen immer von außen gezeigt wird. Er hat große und wohlgestaltete Ohren und von den Ohren kommend den Jade-Tragus in Blätterform. Kurze Finger mit nach oben weisenden Krallen, um die Saugnäpfe an den Handflächen nutzen zu können, welche der Fledermaus nützlich sind, wenn sie sich an glatte Oberflächen hängt, sowie der Nasen-Anhang in Sattel- oder Blattform.

Die Tempel der Nahuas in Hufeisenform waren für den Kult des Fledermausgottes bestimmt. Seine Altäre waren aus reinem Gold und nach Osten ausgerichtet. Der Fledermausgott hatte die Macht, jegliche Krankheit zu heilen, aber auch die Macht, den „Silberfaden des Lebens“ abzuschneiden, welcher den Körper und die Seele verbindet. Die Meister der Nahuas riefen ihn an, um ihn um Heilung für ihre Schüler oder für ihre weltlichen Freunde zu bitten.

Der Anrufung wohnten ausschließlich Eingeweihte bei, welche im Inneren des Tempels eine Kette bildeten, in der abwechselnd Männer und Frauen standen, jedoch ohne sich an den Händen oder mit dem Körper zu berühren.

Die beiden Enden der Kette begannen nahe an beiden Seiten des Altares und alle verharrten in hockender Sitzhaltung mit dem Rücken gegen die Wand.

Auf dem Altar waren frisch geschnittene Blumen und zu beiden Seiten auf zwei kleinen aus Basalt geschnittenen Säulen zwei Kohlenbecken aus rot bemaltem Ton, Symbol des Lebens und des Todes. In den Kohlenbecken brannten Zypressenscheite (Symbol der Unsterblichkeit), deren Aroma sich mit dem Räucherwerk des Copallibaumes, duftender Harze und pulverisierter weißer Meeresmuscheln vermischte.

Der Meister trug die Ibera des „Windgottes", einen Gürtel um die Hüfte. Nach vorne gewandt, die Hände mit ausgestreckten Handflächen erhoben, vokalisierte er dreimal das Mantram Isis, indem er es in zwei lange Silben aufteilte, in dieser Weise:

IssssssssssssssssssIssssssssssssssssss

Danach segnete er die Teilnehmer mit einem Obsidianmesser mit einem Griff aus Jade und Gold und in der Stille machte er die Anrufung des Rituals: *Herr des Lebens und des Todes, ich rufe dich an, damit du herabkommst, um uns von all unseren Leiden zu heilen.*

Beeindruckendes Schweigen, nur unterbrochen vom Knistern des Räucherwerks, von plötzlichen Flügelschlägen und einem Rosen- und Nardenaroma, breitete sich im ganzen Tempel aus. Aus den Kohlenbecken stieg eine Flamme, die sich emporreckte, als ob sie den Himmel erreichen wollte, und der Meister und die Anwesenden warfen sich zu Boden, bis ihre Stirnen die Erde berührten.

Die Nahuatl-Gottheit des Todes (der Fledermausgott) kam mit der Livree des „Windgottes" geschmückt oder in Gestalt des Uhus zu den Grabesproben des 13. Arkanums herab. 13 Stufen hatten die Eingangstreppen zu den Mysterientempeln der Nahuas und Huehueteotl, der alte Gott hatte 13 Haarbüschel in seinem Haupthaar.

Im Bezirk, wo sich der Haupttempel von Tenochtitlan erhob, gab es einen der Sonne geweihten und nach Osten ausgerichteten Rundtempel, dessen Dach es erlaubte, dass die Sonne bis zum Altar eindringen konnte. An der inneren Mauer dieses Tempels befand sich eine riesige Sonne aus purem Gold: die sichtbare Verkörperung der großen unsichtbaren Gottheit Ipalnemohuani. Seine Eingangstür war das Maul einer Schlange mit geöffnetem Schlund, aus deren gekrümmten und bedrohlichen Mundwinkeln die Reißzähne hervortraten.

Als Relief auf dem Boden kam eine große und gespaltene Zunge aus der Türe des Tempels hervor und an der Giebelwand des Tempels war ein Relief eines geöffneten Schlundes einer weiteren riesigen Schlange mit spitzen Reißzähnen, welche zusammen das Monster verkörperten, gegen das die Adepten des erhabenen Ordens der Ritter der Sonne kämpfen mussten.

In den geheimen Kammern dieses Mysterientempels gab es das Tzinacalli (das Haus der Fledermaus), einen großräumigen Saal, der im Inneren das Aussehen einer düsteren Höhle hatte. Dort fanden die Einweihungsrituale für jene statt, die die höheren Grade der Tiger- (Ocelotl) und Adlerritter (Cuautli) erreichen wollten. Über der Oberschwelle der kleinen Tür, in der inneren Wand am Ende der Höhle versteckt, durch welche man den Tempel betrat, hing ein großer Obsidianspiegel und gegenüber dieser kleinen Türe brannte auf dem Boden ein Feuer aus Pinienholz.

Der Kandidat für die Einweihung wurde zum Tzinacalli gebracht, wo er in den späten Nachtstunden alleine blieb. Man hatte ihn angewiesen, durch die Dunkelheit zum Licht eines Feuers zu gehen und vor ihm zum Hüter der Schwelle zu sprechen: *Ich bin ein Kind des großen Lichtes. Dunkelheiten weicht von mir.*

Über dem Haupt des Kandidaten begannen die Fledermäuse umherzuflattern und zu kreischen. Das Pinienholz war langsam verbrannt, es blieb von ihm nur die glühende Asche, deren Glut vom Spiegel reflektiert wurde. Plötzlich lautes Flügelschlagen, ein erschreckendes Geheul und ein menschlicher Schatten mit Fledermausflügeln und einem Gürtel um die Hüfte tauchte aus der Dunkelheit auf und drohte, mit seinem schweren Schwert den unerschrockenen Eindringling in die Gefilde zu enthaupten.

Wehe dem Kandidaten, der sich voller Schrecken zurückzog. Eine Türe, die bis dahin geschickt im Felsen verborgen gewesen war, öffnete sich leise und es erschien ein Fremder im Türrahmen, der den Weg zur Welt der Profanen wies, aus der der Kandidat gekommen war.

Wenn aber der Kandidat genug Mut aufbrachte und dem Angriff von Camazotz (dem Fledermausgott) unerschrocken standhielt, öffnete sich die kleine verborgene Türe vor ihm sanft und einer der Meister eilte ihm entgegen, um das im Schatten der Höhle verborgene, aus Papier modellierte Bildnis des Kandidaten zu finden.

Dieses zündete er an, während die anderen Meister den Kandidaten willkommen hießen und ihn einluden, in das Ritual des Tempels einzutreten, welches den Tod der Leidenschaften, der Persönlichkeit des Eingeweihten, in ihrem Fortschreiten von den Schatten zum Licht symbolisiert.

Durch die Proben des Gottesurteils, welchen die Einweihungskandidaten in den antiken Mysterienschulen der Nahuas unterzogen wurden, zeigte sich deren tierische Seele manchmal als Fledermaus, denn wie die Fledermaus war ihre Seele blind und kraftlos, weil es an spirituellem Licht, der Sonne, fehlte. Wie Vampire werfen sich die Verkommenen und Geizigen auf ihre Beute, um die Lebenssubstanzen, die in dieser sind, zu verschlingen, und danach kehren sie faul schlendernd in die düsteren Höhlen der Sinne zurück, wo sich all jene vor dem Tageslicht verstecken, die in den Schatten der Unwissenheit, der Verzweiflung und des Bösen leben.

Die Welt der Unwissenheit wird von der Angst, dem Hass, der Habgier und der Lüsternheit beherrscht. In ihren düsteren Höhlen irren die Männer und Frauen umher, nur das Auf und Ab ihrer Leidenschaften bewegt sie. Nur wenn der Mensch die spirituellen Wahrheiten des Lebens verwirklicht, entkommt er dieser Unterwelt, dieser verdammten Höhle der Fledermäuse, wo Camazotz, der häufig durch seine bloße Gegenwart tötet, im Verborgenen bleibt und seinen Opfern auflauert.

Die Sonne der Wahrheit geht im Menschen auf und erleuchtet seine Welt, wenn dieser seinen Geist von der Dunkelheit der Unwissenheit und des Egoismus zum Licht der Weisheit und zum Altruismus erhebt; Symbol dieses Bewusstseinszustandes im Menschen sind die Adleraugen, welche auf den Fußwurzeln der Füße von Coatlicue versuchen, in die Unendlichkeit zu blicken.

Übung

Wir empfehlen Ihnen einen privaten Ort in Ihrer Wohnung auszuwählen, damit Sie dort an einem kleinen Schreibtisch oder Tisch Ihre Monografien jede Woche studieren können. Auf diesem Schreibtisch darf eine weiße Tischdecke nicht fehlen, ein kleines Kreuz aus Holz oder Metall und das Licht zweier Kerzen aus Wachs oder Paraffin. Wählen Sie eine Stunde irgendeines Wochentags aus, zum Beispiel donnerstags von 9 bis 10 oder 11 Uhr abends.

Drei Tage bevor Sie die Anrufung des „Fledermausgottes" oder Camazotz in die Tat umsetzen, dürfen Sie sich ausschließlich von Früchten, Gemüse, Schwarzbrot und Milch ernähren. Fürchten Sie nicht, Camazotz anzurufen, mit dem Sie sich konfrontieren müssen, um mit Erfolg unseren Studien nachzugehen.

Die durch die Liebe und die aufrichtige Hingabe an Ihren inneren Gott gereinigte Seele darf nichts und niemanden fürchten, es sei denn die Furcht selbst. Sofort danach, nach Ihrer Einweihung, berichten Sie uns detailgenau über das, was Sie während derselben erlebt, gesehen und gehört haben und bewahren Sie diese Erfahrung Ihres Lebens auf dem Weg nur für sich.

Monografie Nr. 17

Die geheimen Lehren der Nahuas

Im Museum für Anthropologie und Geschichte der Stadt Mexiko D.F. findet man Xochipilli, der auf einem schön geschnitzten Basaltkubus sitzt. Die Knie sind angezogen und die Beine gekreuzt wie das Andreaskreuz; bei den Händen berühren sich Daumen und Zeigefinger und der Blick geht ins Unendliche. Große Jadeohrringe, ein Panzer, dessen Ränder in Tigerklauen oder Schlangenzähnen enden. Darüber, an der Brust weist er zwei Sonnen und über den Sonnen zwei Halbmonde auf. Armbänder und Knieschützer, die in einer Blüte mit sechs Blütenblättern abschließen, Ringe mit Klammern, die seine Knöchel einschließen und auf den Beinschienen zwei Glockenblumen, die mit den Kronen nach unten hängend die eine sechs Samen und die andere Feuer und Cactli ausstoßen, dessen Gurte sich anmutig über seinen Füssen verbinden.

Xochipilli, Xochitl: Blume, pilli: Wichtigste. Gott der Landwirtschaft, der Blumen, der Musik, des Gesanges, der Poesie und des Tanzes. *Blumen und Gesänge sind das Höchste, was es auf der Erde gibt, um im Umkreis der Wahrheit eine Nahrung zu sein*, lehrten die Tlamatinime in den Calmecac. Deshalb ist ihre ganze Philosophie von der reinsten Anwendung der Poesie gefärbt. Das Gesicht von Xochipilli ist undurchdringlich, aber sein Herz quillt vor Freude über.

Die Annalen besagen, dass die 4. Sonne: Luft oder Ehecatonatiuh, Quetzalcoatl ist, der lichte Drachen, der hermaphroditische Gott der Winde, die von Osten her in alle vier Himmelsrichtungen wehten. Seine Gefährtin oder sein Ebenbild ist Cihuacoatl, die Schlangen-Frau. Quetzalcoatl kam von der Venus und kehrte zur Venus zurück. Deshalb beginnt der Abendstern, die Seele von Quetzalcoatl, ihre ersten zittrigen Lichtstrahlen auszusenden, solange die Sonne noch über dem Horizont steht und Abschied von ihren letzten goldenen Strahlen nimmt.

Nach der 4. Sonne, Ocelotl, ließ sich Quetzalcoatl am Phallus zur Ader und tat mit Apantecuhtli, Huictlolinqui, Tepanquezqui, Tlallamanac und Tzonteco Buße, um die Menschen zu erschaffen, die Anahuac aufs Neue bevölkern sollten. Dieses Opfer fand in Tamanchoan statt (von wo wir herabstiegen) und ermöglichte, dass das Leben in die Knochen der Riesen eintrat, die von den Tigern verschlungen worden waren und von Quetzalcoatl gut vorbereitet und aus dem Mictlan geholt wurden. Die Menschen sind die Frucht des Opfers der Götter. Mit ihrem Opfer haben sie sie verdient. Deshalb nannten sie sie Macehuale, was „Verdiente" bedeutet.

Im unteren Teil des Aztekischen Kalender stehen sich zwei Xiucoatl gegenüber. In ihren Schlünden erscheinen die Gesichter zweier Personen. Der rechte hat die gleiche Krone, den gleichen Nasenring und die gleichen Ohrringe wie Tonatiuh. Diese doppelte Person ist Quetzalcoatl, der auf die physische Ebene gefallen ist. Er ist durch seine steinerne Zunge mit seiner Gefährtin oder seinem Ebenbild, Cihuacoatl verbunden, die einen Bart trägt und das Gesicht mit einem Schleier bedeckt. Sie sind Adam und Eva, die durch das Übertreten des göttlichen Gebotes: „nicht huren", gefallen sind.

Um uns ihre Philosophie zu übermitteln, stand den Nahuas nur die Bilderhandschrift zur Verfügung, weswegen sie viele Skulpturen behauen mussten, um durch jede Einzelne von den Attributen des göttlichen Paares zu sprechen, dem Vater und der Mutter der Götter und der Menschen.

Quetzalcoatl ist der kosmische Christus, der sich bei den Nahuas inkarnierte, um ihnen beizubringen, im Einklang mit den Gesetzen Gottes zu leben und um seine Botschaft des Sieges zu verkünden: *In der Welt werdet ihr Trübsal haben, aber vertraut, ich habe die Welt überwunden.* (Johannes Kap.16, V.33).

Er nimmt in Xochipilli Gestalt an, welcher auf der Brust das Symbol der großen Gottheit trägt. Die Katzenkrallen der Ränder seiner Krone sind die gleichen Krallen, die zu beiden Seiten des Gesichtes von Tonatiuh Herzen zerreißen, Symbol des Opfers der Gefühle des Eingeweihten, ein Opfer, ohne das es nicht möglich ist, zu Gott zu gelangen.

Die Volksreligion der Nahuas beging das Fest Xochihuitli, bei dem es Pflicht war während der vier Tage, die ihm vorausgingen, nur einmal täglich ungesalzene Maisbrote zu essen und, wenn man verheiratet war, getrennt von seiner Frau zu schlafen. Am fünften Tag brachte man Xochipilli öffentlich Tänze und Gesänge dar, die von Teponaztli und Trommeln begleitet wurden, Ovationen, die aus frisch geschnittenen

Blumen und Broten mit Bienenhonig bestanden, auf welche man einen Obsidianschmetterling setzte, das Symbol der Seele des Gläubigen.

Xochiquetzalli, Teil oder Ebenbild von Xochipilli, ist die Göttin der Liebe, deren Wohnstätte in Tomoancha war, dem Speicher des „universellen Wassers des Lebens“, welcher im Mann die Zoospermien sind. Ein paradiesischer Ort bedeckt von einem Blütenteppich, mit blauen Flüssen und Quellen, wo der Xochitlicacan wächst, der wundervolle Baum, bei dem es schon genügt, dass die Liebenden unter dem Schutz seiner Zweige stehen bleiben und seine Blüten berühren, um sie ewig glücklich zu machen.

Niemals erblickte irgendein Mensch diese Gottheit, dennoch stellten die Nahuas sie jung und schön dar, mit Haaren, die über den Rücken fielen und anmutigen Fransen an der Stirne. Ein Diadem aus geflochtenem rotem Leder, von dem ausgehend Haarschmuck aus Quetzallifedern nach oben stand, goldene Ohrringe in den Ohren und Schmuck aus demselben Metall in der Nase, eine blaue Bluse bestickt mit Blumen und vielfarbigen Federn, ein bunter Rock und Sträuße aus duftenden Rosen in ihren Händen.

Ihr Tempel war im Inneren des großen Tempels von Tenochtitlan, und obgleich er klein war, glänzte er mit bestickten Wandteppichen, kostbaren Federn und goldenem Zierrat. Xochiquetzalli hatte die Macht des Vergebens. Zu ihrem Tempel kamen die schwangeren Frauen, nachdem sie ein Sühnebad genommen hatten, um ihre Sünden vor ihr zu beichten und um ihre Vergebung und Hilfe zu bitten; wenn diese aber sehr schwer waren, verbrannte man das aus Papier (aus Ficus Petiolaris) modellierte Bild der Büßerin zu Füßen der Gottheit.

In den Calmecac, Calli - Haus, Mecatl - Schnur, Band, langer und enger Gang in den Innenräumen eines Gebäudes, fand eine Zeremonie statt, die Xochipilli dargeboten wurde. Elf Kinder, alles Söhne von Edelleuten, führten Kreistänze und Gesänge aus, bei denen sie sechsmal drei Schritte nach vorne und drei Schritte nach hinten machten, wobei sie anmutig ihre Hände bewegten. Ein Kind, das vor dem Feuer kniete, das im Altar brannte, betete im Stillen für das tägliche Brot und ein anderes Kind blieb am Eingang des Tempels stehen und hielt Wache.

Diese Zeremonien dauerten solange wie die Kindertänze und sie mussten in der ersten Nacht gefeiert werden, wenn das feine silberne Licht des Neumondes am Himmel erschien.

Der Leiter des Calmecac, der zwischen dem betenden Kind und den tanzenden Stand, mit dem Gesicht zum Altar gewendet und einer undurchdringlichen Mine wie die des Xochipilli, empfing die Schwingungen des kindlichen Gebetes, die der Gesänge, die der Tänze und sprach, indem er seine dunklen Hände zum Himmel erhob, der jetzt wie eine Blüte erschien, langsam das mystische und unaussprechliche Wort aus, das bestimmt, das definiert und erschafft, und die Kinder sprachen im Chor: Danter-llomber-Bir. *Wenn ihr nicht werdet wie die Kinder, so werdet ihr nicht ins Himmelreich kommen.* (Matthäus, 18, 3).

Aber nicht gefräßig, ungezogen und grob wie die Kinder, sondern demütig und vertrauensvoll, wie sie es gegenüber ihren Eltern sind, die ihnen alles geben, was sie benötigen.

Weisheit ist Liebe. Xochipilli lebt in der Welt der Liebe, der Musik, der Schönheit. Sein Gesicht, rosig wie ein Sonnenaufgang und seine blonden Haare geben ihm eine kindliche, unaussprechliche, erhabene Erscheinung.

Die Kunst ist der positive Ausdruck des Verstandes. Der Intellekt ist der negative Ausdruck des Verstandes. Alle Adepten haben die schönen Künste kultiviert. Freitags zwischen 10 Uhr abends und 2 Uhr morgens kann man Xochipilli anrufen. Er lässt das Rad der Vergütung sich zum Wohl jener drehen, die ihn darum bitten und die es verdienen. Aber er verlangt etwas für alle Dienste, er kann das Gesetz nicht brechen.

Im Inneren des Sonnentempels waren die Ritter des Tigers und die Ritter des Adlers mit Helmen in Form des Tigers und des Adlers geschmückt, alle mit Federbüschen aus Quetzallifedern im Nacken als Symbol des Kampfes, den sie auf Erden gegen das Böse führen mussten, sie trugen in einer Hand einen Rosenstrauß und in der anderen eine Keule, die mit Tigerhaut und Adlerfedern überzogen war, als Zeichen der Macht; an ihren Handgelenken trugen sie Armreifen und an den Waden Kettchen, so feierten sie eine andere Zeremonie am ersten Donnerstag des Neumondes.

Dabei gab es Tänze und rituelle Gesänge und einer der Tlamatinime (durchlöcherter Spiegel, an sich ein Mittel der Kontemplation, konzentrierter Vision der Welt der Dinge), beendete die Zeremonie mit folgendem Gebet: *Herr, durch den wir leben, Herr der Nähe und der Ferne, wir danken dir mit Freude für unseren Herrn Quetzalcoatl, der mit dem Opfer seines Blutes und der Buße, machte, dass dein Leben in uns einzog. Mach uns stark wie ihn, mach uns fröhlich wie ihn, mach uns gerecht wie ihn.*

So sei es, sagten alle im Chor.

Übung:

Nach einem Gebet zu Gott und den Meistern, einem, das Ihnen bekannt ist, sollen Sie jeden Donnerstag mit dem Studium der Monografie beginnen, die in dieser Woche bei Ihnen an der Reihe ist, und, wenn Sie damit fertig sind, setzen Sie sich bequem auf Ihren Stuhl; es soll der sein, den sie regelmäßig im Sanctum Sanctorum Ihres Heimes benutzen, und den sie für keinen anderen Bedarf benutzen sollen. Entspannen Sie Ihren ganzen Körper, bringen Sie Ihren Verstand für einige Minuten zum Schweigen und beruhigen Sie sich völlig.

Wenn Sie das erreicht haben, dehnen Sie Ihr Bewusstsein von innen nach außen aus. Sehen Sie wie es nach oben, nach unten, zu den Seiten hin größer, wird, immer um Ihren Körper herum. Sehen Sie die Farbe Ihres Hemdes, Ihrer Krawatte, Ihres Anzugs und die Ihrer Schuhe.

Achten Sie darauf, dass Ihr Körper entspannt ist und sich in einer ästhetischen Haltung befindet. Beobachten Sie die Ausrichtung Ihres Zimmers, die Möbel, die Bilder, identifizieren Sie alles, bevor Sie die Straßen der ganzen Stadt, in der Sie leben, einschließen. Identifizieren Sie diese.

Fühlen Sie das Fahren der Autos und so dehnen Sie ihr Bewusstsein mehr und mehr aus, bis es die ganze Erde umschließt, dann, bis es den unbegrenzten Raum einschließt, wo sich die Sonnen und sideralen Welten bewegen.

Diese Übung soll sechzig Minuten dauern und dreißig Tage lang gemacht werden, außer an den Sonntagen.

Der Meister.

Monografie Nr.18

Die geheimen Lehren der Nahuas

Wirst du der Stimme des Herrn, deines Gottes, gehorchen und tun, was recht ist vor ihm, und merken auf seine Gebote und halten alle seine Gesetze, so will ich dir keine der Krankheiten auferlegen, die ich den Ägyptern auferlegt habe; denn ich bin der Herr, dein Arzt. (2. Moses 15, V.26)

Den Ursprung der menschlichen Leiden muss man in der Sünde suchen, wie die Tlamatinimes lehrten. Das Übel verwundet den Gerechten nicht.

Im gemäßigten Klima des bergigen Huautla von Jiménez (Oaxaca), wo es das ganze Jahr über regnet, gibt es die „halluzinogenen Pilze". Die Nahuas benutzten sie, um den Ursprung der Krankheiten herauszufinden. Die Dosis durfte vier Pilze nicht übersteigen. Unter ihrem Einfluss fiel der Kranke in den Tempelschlaf, während dem sich sein objektiver Verstand zurückzog und sein subjektiver Verstand bereit zur Läuterung war.

Dann befragte der Meister den Kranken, indem er ihm rückführende Fragen stellte. Was machst du in diesen Momenten? Was hast du gestern gemacht? Was in der letzten Woche? Was machtest du vor einem Jahr? Allmählich begann der Kranke seine inneren Konflikte, seine intimsten Ängste zu enthüllen. Ohne ein Detail auszulassen, gestand er das Unaussprechliche. Mit der Beichte der Ereignisse, die ihn in seiner Kindheit in Unruhe versetzten, trat die Sünde auf seinen Lippen zutage, die wahre Verursacherin des Übels.

In vielen Fällen war der Ursprung der Krankheit nicht Sünde, sondern Hexerei. Dann benutzte der Meister den heiligen Auftrag des unaussprechlichen Wortes, das er so ruhig aussprach, dass es sich wie ein Raunen anhörte; handelte es sich aber um eine Sünde, befahlen sie dem Kranken, demütig sein Opfer um Verzeihung zu bitten, das Übel wieder gut zu machen, zu beten und allen seinen Mitmenschen zu dienen.

Die Wirkung der halluzinogenen Pilze dauert ungefähr sechs oder sieben Stunden. Beim Erwachen erinnert sich der Kranke an gar nichts. Aber er erwacht euphorisch, noch elektrisiert von der Schönheit, die er nach seiner Beichte in den höheren Welten erlebt.

Seine Erholung geht langsam vor sich und während dieser Zeit muss er vollständige Keuschheit einhalten. Sein Ernährungssystem wird sich auf keinen Fall auf die Leckereien, das Geschenk seiner Familienangehörigen oder Freunde, einlassen.

In der Monografie 4 sagten wir, dass der Peyote (Lophophora Villiamsil Lem) bewirkt, dass sich der physische Körper und der Astralkörper trennen, und dass der Neophyt in den höheren Welten nicht die Klarheit seines Bewusstseins verliert.

Der Peyote ist ein kleiner Kaktus ohne Stacheln, der ungefähr zwei Zentimeter aus der Erde ragt, von aschgrauer Färbung ist und in Segmente aufgeteilt, die von einem weißen und glänzenden Flaum bedeckt sind; aus deren Mitte sprießen kleine hellrote Blüten und seine Wurzel ist grob und dunkel. Man findet ihn in Queretano, San Luis Potosi, Sonora, Zacatecas, Nayarit und Coahuila.

Die Tlamatinimes benutzten ihn in den Tempeln, um Neophyten einzuweihen. Sie schnitten die Pflanze in Scheiben und trockneten sie im Schatten, so wie man Dörrobst trocknet. Vorbereitet durch das Fasten, die innere Sammlung und das Gebet saß der Kandidat für das Gottesurteil bequem im Tempel, wo er mit geschlossenen Augen verweilte.

Zwei von ihm langsam eingenommene und geschluckte Scheiben Peyote genügten, damit fünf Minuten später seine Sinne sich zu schärfen begannen und er vielfarbige Lichter erblickte.

Sein Körper begann schwer zu werden und er trat langsam aus ihm hinaus, um sich einem Großen Licht zuzuwenden, das ihn anzog, während sein ganzes Sein von einem unbeschreiblichen Glück ergriffen wurde. Danach kam das große Abenteuer, jenes, von dem der Heilige Paulus spricht:

Ich kenne einen Menschen in Christus; es war vor vierzehn Jahren - ist er im Leib gewesen? ich weiß es nicht; oder ist er außer dem Leib gewesen? ich weiß es auch nicht; Gott weiß es -, da wurde er entrückt bis in den dritten Himmel. Und ich kenne diesen Menschen - ob er im Leib oder außer dem Leib gewesen ist, weiß ich nicht; Gott weiß es; der wurde entrückt in das Paradies und hörte unaussprechliche Worte, die kein Mensch sagen kann. (2. Korinther 12, 2-4)

Manchmal blieb der Neophyt bis zu zweiundsiebzig Stunden ohne Bewusstsein, denn er musste, abgesehen von der Zeit seiner Einführung, seinen Meistern die Antwort auf irgendeine Botschaft bringen, die diese ihm für die unsichtbare Hierarchie anvertraut hatten.

Glauben Sie deshalb nicht, dass die halluzinogenen Pilze unbedingt nötig seien, um den Tempelschlaf hervorzurufen, oder der Peyote, um eingeweiht zu werden. In dem Maß, in dem die „Schlange der Azteken" durch den Einfluss der „Liebesmagie" zum Gehirn aufsteigt, verwandelt sich die magnetische Kraft des Eingeweihten in „kosmische Kraft".

Dann wird der „Tempelschlaf" nur durch den Blick oder die Modulationen der Stimme hervorgerufen und jegliche Krankheit durch das Auflegen der Hände geheilt. Hier teilt sich der Weg: der Eingeweihte muss zwischen Magier und Schamane wählen. Dessen einziger Vorsatz ist es, sich Gott zu widmen.

Durch den Fortschritt wird die „Liebesmagie" unnötig. Wenn sie die Zeichnung dieser Monografie betrachten, werden sie neun Frauen in orientalischer Sitzhaltung sehen, die sich umarmen und die Hände auf die Nierengegend ihrer Gefährtinnen legen und eine halbmondförmige Kette bilden. Drei Männer, die ihnen mit gekreuzten Beinen in einem Dreieck gegenübersitzen, ergreifen mit der rechten Hand einen Stab. (Jeremias 17, 10)

Dies ist eine Kette der Liebesmagie ohne Kontakt. Die neun Frauen ziehen die lunaren Kräfte zu den Nieren der Männer und diese ziehen die solaren Kräfte zu den Nieren der Frauen.

Damit diese Kräfte an Intensität gewinnen, entzündet man auf der rechten Seite ein Feuer aus dem Holz des Ahuehuete und auf der linken Seite der Kette wirft man neun lebendige Frösche in einen kleinen

Brunnen, die sich beim Fangen nicht verletzt haben und man füllt den Brunnen nach und nach mit frischem und sauberem Wasser.

Alles, was man in der Astralwelt tut, nimmt in der physischen Welt Gestalt an. Diese magische Zeremonie bewirkt, dass sich die Schlange der Azteken im Rückenmark der Adepten regt und diese müssen dann die Mantrams Manguelé... Manguelá singen. Um sie zu singen, werden sie in Silben aufgeteilt und jedes von ihnen wird dreimal gesungen.

Ihre Tonhöhe ist das natürliche F, das in der ganzen Natur widerhallt. Aufgeladen mit den solaren und lunaren Kräften können die Teilnehmer an diesem magischen Ritual beim Verlassen des Tempels nur durch das unaussprechliche Wort oder das Handauflegen jegliche Krankheit heilen und viele sogenannte Wunder wirken.

Die Anhänger des Okkultismus, die aber nicht die Möglichkeit hatten, Mitglied irgendeines ernstzunehmenden Ordens zu werden, glauben, dass derjenige ein Eingeweihter ist, der damit beginnt, eine Kunst, einen Beruf oder ein Amt zu studieren.

Der Eingeweihte muss ein magisches Ritual durchlaufen, durch welches die Seele sich augenblicklich von ihren vier sündigen Körpern befreit und bis zum höchsten Scheitel des Lebensdreiecks aufsteigt, von wo sie einerseits ihr physisch-tierisches Leben und andererseits ihr spirituelles Leben betrachten kann.

Von dem Moment an lebt der Eingeweihte mit einem geheimen Wunsch in seinem Herzen: seine Mission, all seinen Mitmenschen zu dienen, zu erfüllen. Von diesem Moment an weiß er, dass er kein tierisches Wesen ist, sondern der Innerste, der in einem Körper inkarniert ist, und dass Gott und die Meister in allen entscheidenden Momenten seines irdischen Lebens mit ihm sind.

Er weiß, dass es seine Mission ist, seine Mitmenschen zu lieben und sich für sie zu opfern. Er kennt die Geheimnisse des Lebens und des Todes und weiß, dass dies weder seine erste noch seine letzte Inkarnation ist, dass sein Ich sich manchmal in den Träumen seinen vergangenen Leben annähert, wo er sich als ägyptischer Statthalter mit dem Gesicht einer Sphinx und einer goldenen Mitra wieder findet, der im levitischen Memphis lebt.

Übung

Hängen Sie an die Wand über den Tisch Ihres Sanctum Sanctorum einen Spiegel von 30 x 40 cm, oder von 30 cm Durchmesser, wenn er rund ist, sodass Sie sich im Sitzen selbst sehen können und wenn Sie das Ritual, von dem wir in der Monografie gesprochen haben, nicht in die Praxis umgesetzt haben, dann gehen Sie dazu über, es in die Tat umzusetzen, indem Sie für seine Ausführung einen Donnerstagabend zwischen 22 und 23 Uhr auswählen. Beginnen Sie ihre Anrufung in dieser Nacht mit einem Gebet zu Gott und den Meistern, gefolgt vom 23. Psalm der Bibel, die in Ihrem Heiligtum nicht fehlen darf.

Als Übung praktizieren Sie das Verlassen Ihres Körpers und versuchen, wenn Sie in irgendeinem Park sind, zu fühlen, dass Sie das Vöglein sind, das in den Zweigen des Baumes umherspringt, den Sie an ihrer Seite haben. An einem anderen Tag versuchen Sie, sich als Baum selbst zu fühlen; an einem weiteren als das Blümchen im Gras, das Sie mit ihren Füßen treten. Bei einer anderen Gelegenheit werden Sie zu einer Wolke, zu einem Tautropfen, einem Stein. Stellen Sie fest, dass Sie nicht Ihr Körper sind, dass Sie der Göttliche Innerste sind, der Ihrem Körper innewohnt.

Friede sei mit euch
Der Meister.

Monografie Nr.19

Netzach

Wir sind heute an einem sehr interessanten Punkt unserer Studien angelangt: der Frage nach den mentalen Arbeiten... Jeder, der diese Studien findet, will zuallererst den Verstand der anderen einschläfern. Das ist reine und echte schwarze Magie. Niemand hat das Recht, die Entscheidungsfreiheit der anderen zu verletzen. Niemand darf auf den Verstand eines anderen Zwang ausüben, weil das schwarze Magie ist. Wer sich dieses schweren Fehlers schuldig macht, sind all diese irrenden Autoren, die überall zu finden sind. All diese Bücher über Hypnose, Magnetismus und Suggestion sind Bücher der schwarzen Magie.

Atkinson, Paul Yagot und viele andere lehrten Systeme, um die mentale Kraft zu entwickeln und andere zu beherrschen. Das ist reine und echte schwarze Magie. Wer die Entscheidungsfreiheit anderer nicht zu respektieren weiß, ist ein schwarzer Magier. Diejenigen, die mentale Arbeiten machen, um gewaltsam den Verstand anderer zu beherrschen, verwandeln sich in perverse Dämonen. Diese trennen sich vom Innersten und fallen in den Abgrund hinunter.

Die Schüler schreiben uns ständig mit der Bitte, dass wir ihnen mentale Arbeiten verrichten sollen mit dem sonderbaren Vorhaben, gewaltsam den Verstand des Sohnes, der Tochter, des Verlobten, der Verlobten usw. zu beherrschen. Natürlich landet diese Art von Briefen im Papierkorb, denn wir sind keine schwarzen Magier.

Die Welt von Netzach

Dies ist die Welt des kosmischen Verstandes, diese Welt wird von Anael regiert, das wunderbare mit Schönheit erfüllte Kind. Anael ist der Engel der Liebe. Der Mystiker gerät in Ekstase, wenn er so viel Vollkommenheit betrachtet. Jener Engel ist prachtvoll. Sein Gesicht, das so rosig wie die Morgenröte ist und seine Haare, die einem goldenen Wasserfall gleichen, verleihen jenem Engel ein unaussprechliches, zauberhaftes, sublimes und liebliches Aussehen. Netzach ist wirklich die Welt der Liebe, der Musik und der Schönheit.

Die Kunst ist der positive Gebrauch des Verstandes. Kultiviert die Schönheit, liebt die schönen Künste. Es stellt sich heraus, dass das intellektuelle Tier, wenn es von jeglicher Spiritualität abgetrennt ist, luziferisch und vollständig negativ ist. In Netzach finden wir den aztekischen Gott Xochipilli, den Gott der Freude, der Musik und des Tanzes. Der aztekische Gott Xochipilli verrichtet seine Geschäfte immer mit der kabbalistischen Zahl zehn. Diese ist das Glücksrad, das Rad der Wiedergeburten und des Karmas, das schreckliche Rad der Vergütung. Wer diesen Meister anrufen will, muss sich zuerst mit reinem Wasser die Hände waschen.

Man soll Xochipilli während der Zeit zwischen zehn Uhr freitagabends und zwei Uhr samstagmorgens anrufen. Nichts bekommt man geschenkt und Xochipilli verlangt etwas für jeden Dienst, um den wir ihn bitten. Wer etwas hat, womit er bezahlen kann, bezahlt und erreicht alles. Wer nichts hat, womit er bezahlen kann, wird die Konsequenzen erleiden müssen.

Tue gute Werke, damit du etwas hast, womit du bezahlen kannst. Auf diese Weise wird Xochipilli Wunder und Erstaunliches für dich tun können. In den höheren Welten werden die guten Werke durch geheimnisvolle Juwelen und Münzen versinnbildlicht. Mit diesen Werten musst du Xochipilli die Dienste bezahlen, die du erbittest.

Xochipilli tut nichts umsonst, alles hat seinen Preis. Xochipilli kann das Rad der Vergütung sich zu deinen Gunsten drehen lassen. Mit diesem aztekischen Gott kannst du alle deine Probleme lösen, doch er verlangt etwas von dir für jeden Dienst, weil er das Gesetz nicht brechen kann. Bitte Xochipilli niemals um etwas Schlechtes, denn er ist ein großer Meister des Lichtes. Erinnert euch, dass diese Gottheit ein vollkommen reiner Engel von Netzach ist, der Mentalwelt.

Wenn ein niederes Gesetz durch ein höheres Gesetz transzendiert wird, tilgt das höhere Gesetz das niedere Gesetz. So arbeitet man in der weißen Magie und man erreicht alles, ohne dass es notwendig wäre, die Gedankenkraft dazu zu benutzen, die Entscheidungsfreiheit der Personen zu verletzen. Wenn du ein Problem hast, das du nicht lösen kannst, ist das eine Frage des Karmas; wende dich an Xochipilli, damit er dir helfe, aus dem Leiden, in dem du dich befindest, herauszukommen. Du musst Xochipilli mit dem Kapital aus guten Werken bezahlen.

Wenn du nichts hast, womit du Xochipilli bezahlen kannst, kann er dir den Dienst, um den du bittest, nicht erweisen. Dennoch gibt es ein Mittel, bittet Xochipilli um einen Kredit... Das ist der Weg. Das Ergebnis wird wunderbar sein. Erinnere dich daran, dass jeder Kredit mit guten Werken abbezahlt werden muss. Wenn du den Kredit nicht bezahlst, dann werden sie ihn durch intensive Schmerzen eintreiben. Dies ist das Gesetz: Tue gute Werke, damit du deine Schulden bezahlen kannst.

Die Liebe ist die Summe der Weisheit. Erinnert euch, dass der Intellekt ohne Spiritualität voller Falschheit ist: Aus dem Intellektualismus ohne Spiritualität gehen die Gauner hervor. Die kabbalistische Zahl von Netzach ist das Arkanum 7, der Streitwagen des Tarot, die Sühne, Geburah ist das Arkanum 5, die Gerechtigkeit des Karmas. Beide Arkane sind unterschiedlich, aber sie ergänzen sich.

Die aztekische Skulptur von Xochipilli ist einfach nur ein Symbol dieses großen Meisters, der in der Mentalwelt lebt; Netzach wird von Venus regiert, dem Stern der Liebe. Die Symbole Netzachs sind die Lampe, der Gürtel, die Rose... Netzach herrscht über die Nieren und die Taille.

Test

Schreiben Sie uns ihre Antwort, wie man mit Xochipilli arbeitet!

Haben Sie verstanden, wie man mit Netzach arbeitet?

Sagen Sie uns, was Netzach ist!

Wissen Sie, wie man Arbeiten der weißen Magie ausführt?

Kennen Sie den positiven Gebrauch des Verstandes?

Können Sie uns erklären, welches der negative Gebrauch des Verstandes ist?

Antworten Sie uns bitte bald, Ihre Antwort interessiert uns.

Der Meister

Monografie Nr. 20

Der Sephirot Hod

Wir werden heute den Sephirot Hod studieren, dessen Regent Raphael ist. Sehen wir mal: wir haben bereits im 13. Arkanum den Tod studiert. Die Göttin des Todes ist wahrhaft eine verehrungswürdige Mutter. Jesus lernte sie kennen, als er vom Jordan in die Einsamkeit der Wüste hinaufstieg.

Sie herrscht über alle Engel des Todes. Denken wir über das Arkanum 20 nach, das die Auferstehung repräsentiert. Wir werden heute das Arkanum von Hiob studieren, das berühmte Arkanum 8.

Dieses Arkanum bedeutet in Wirklichkeit Prüfungen und Schmerzen. Niemand ist würdig, die Krone des Lebens zu empfangen, ohne zuvor die Prüfungen des Arkanums 8 bestanden zu haben.

Der Sephirot Hod der hebräischen Kabbala ist unter den strahlenden Kundgebungen der astralen Ebene die Kraft merkurianischer Ausprägung. Der Astralkörper ist völlig merkurianisch. Die Botschaften, die aus der Welt des reinen Geistes herabkommen, werden auf der Astralebene symbolisch.

Diese Symbole interpretiert man, indem man sich auf das Gesetz der philosophischen Analogien, das Gesetz der Analogien und Gegensätze, das Gesetz der Entsprechungen und das der Nummerologie stützt. Studieren Sie das Buch Daniel und die Bibelstellen des Patriarchen Josef, dem Sohn von Jakob, damit Sie lernen, Ihre astralen Erfahrungen zu interpretieren.

Die Astralebene ist wirklich die Ebene der praktischen Magie. Im östlichen Flachland des südamerikanischen Landes Kolumbien sind die Indios in der Lage, diese Astralebene willentlich zu betreten. Sie vermengen die Asche des Baumes, der Guarumo genannt wird, mit gut gemahlenen Kokablättern.

Danach kauen sie diese Pflanzenmischung in einem Ritual; währenddessen nehmen sie die Cuclillas-Haltung ein. (Dies ist die Haltung der berühmten peruanischen Huacas).

Die pflanzlichen Substanzen dieser beiden Gewächse haben die Macht, in diesen Eingeborenen die Ekstase hervorzurufen.

Liturgie

Berauscht von der Ekstase (Samadhi) stellen sich diese Eingeborenen persönlich in geordneter Weise auf. Sie bilden zwei Kreise: den Inneren und den Äußeren. Der erste besteht aus Männern, der Zweite aus Frauen.

Die Abfolge des Rituals ist sehr interessant. Männer und Frauen machen im Takt einen mystischen Schritt nach vorne und einen weiteren zurück. Sie tanzen, singen exotische Töne, unaussprechliche Lieder des tiefen Dschungels. Die Liturgie des mysteriösen Strudels dauert viele Stunden. Die Seele fühlt sich in ein unaussprechlich schönes Paradies versetzt, in die Zeiten des alten Arkadiens, als man die unaussprechlichen Götter des Feuers, der Luft, des Wassers und der Erde kultisch verehrte.

Die Gesänge des Dschungels vermischen sich mit dem angenehmen Ton der Glöckchen, die wie Blüten von den netten Stäben herabhängen, welche die Eingeborenen während ihrer Liturgie benutzen.

Diese Geräusche der natürlichen pflanzlichen Glöckchen sind ähnlich wie das Zirpen der Grillen im Wald oder wie das typische Geräusch, das die Klapperschlange macht. Dies erinnert uns an die „Feine Stimme", das verlorene Wort, mit dem jeder Magier lernt, augenblicklich in den Astralkörper auszutreten.

Das Fest ist intensiv und die Liturgie sehr feierlich. Die Stunden vergehen und am Ende fallen die Indios in ihre „chinchorros" (Hängematten), die ihnen als Bett dienen. In diesem feierlichen Augenblick treten sie aus dem physischen Körper willentlich aus, sie verdoppeln sich, sie versetzen sich mit dem Astralkörper, wohin sie möchten. In Mexiko benutzten die Azteken die Peyoteknospen, um ins Astrale auszutreten.

Der besagte Kaktus kommt in Chihuahua sehr häufig vor. Leider ist der Peyote, den man im Tal von Mexiko kennt, dazu nicht geeignet. Wer den wahren Peyote finden will, muss ihn bei den Tarahumara-Indios im Gebirge von Chihuahua suchen.

Außerdem muss er lernen, wie man ihn einnimmt. Diese Indios sind die Einzigen, die uns lehren können, diesen Kaktus einzunehmen. Viele Leute haben ihre Zeit damit verschwendet, den Peyote im Tal von Mexiko zu suchen. Andere Personen, die es geschafft haben, den Kaktus im Norden Mexikos zu bekommen, haben nichts erreicht, weil sie ihn nicht zu benutzen wissen. Das ist das schwierige Problem beim Peyote.

Aztekische Kette

Es gibt eine aztekische Kette mit riesiger Kraft für den Magier. Wir werden diese Kette studieren. Wenn Sie die Illustration zu dieser Lektion betrachten (sehen Sie Lektion Nr.18), werden Sie neun Frauen sehen, die eine halbmondförmige Kette bilden und drei Männer in der Mitte, die ein Dreieck bilden.

Die Männer befinden sich in orientalischer Sitzhaltung (mit gekreuzten Beinen). Diese Kette repräsentiert die neunte Sphäre (den Sexus).

Diese Kette ist vollständig sexuell. Die neun Frauen ziehen die lunaren Kräfte an. Die drei Männer ziehen die solaren Kräfte an. Der Mond ist weiblicher Natur.

Die Sonne ist männlicher Natur. Wenn die solaren und die lunaren Atome im Steißbeinknochen in der Nähe des Tribeni aufeinandertreffen, dann erwachen die spirituellen Feuer und die Entwicklung, die Evolution und der Fortschritt der Kundalini beginnen.

Die neun Frauen bilden die neunte Sphäre (den Sexus). Die drei Männer könnten die drei Aspekte des Logos darstellen, oder den Menschen in seinen drei Aspekten als Körper, Seele und Geist. Jeder einzelne der drei Männer des Dreiecks hat in seiner rechten Hand einen Stab.

Dieser Stab ist das Rückenmark. Erinnern wir uns daran, dass das Heilige Jerusalem mit einem Stab vermessen wird. Die drei Männer des Dreiecks luden sich mit der Kraft der Kette auf, und die christische Energie steigt durch den Rückenmarkskanal auf, belebt dabei die Feuer und erweckt die Chakren des Astralkörpers.

Liturgie

Das Heiligtum soll sorgfältig im Einklang mit den Gesetzen des Okkultismus eingerichtet werden. Die Azteken hatten einen Brunnen mit reinem Wasser im Heiligtum, damit er die lunaren Kräfte anziehen möge. Niemals fehlte in diesem Brunnen dieses lunare Tier, das als Frosch bekannt ist. Der Frosch und das Wasser ziehen die lunaren Kräfte an.

Das liturgische System, um solare Kräfte anzuziehen, ist ebenfalls sehr leicht und einfach. Sie malten auf den Boden einen Kreis mit einem Durchmesser von 8 Spannen. In der Mitte des Kreises entzündeten sie das Feuer. Jeder gnostische Student kann heutzutage sein Heiligtum in der gleichen Weise einrichten. Das ist einfach.

Mantra

Die aztekischen Mantras dieser Kette sind folgende: Manguelé, Manguelá. Man muss den Buchstaben U aussprechen. Diese Mantras werden Silbe für Silbe ausgesprochen. Es ist notwendig, die gnostischen Studenten daran zu erinnern, dass jedes dieser Worte endbetont ist: es trägt den Akzent auf der letzten Silbe.

Den Männern gereicht diese Kette, welche in allen gnostischen Heiligtümern ausgeführt werden kann, zu großem Nutzen. Es ist klar, dass die Männer sich in der Mitte mit der ganzen Kraft der magischen Kette aufladen. In den Zeiten des alten Mexiko liefen diese Männer, wenn der Ritus beendet war, durch die Straßen, und heilten Kranke. Es genügte, ihnen die Hand aufzulegen, um sie sofort gesund werden zu lassen. Aufgeladen mit den Kräften einer solchen wunderbaren Kette kann ein Mann Wunder und erstaunliche Taten vollbringen, wie es die Apostel des großen Meisters Jesus Christus taten.

Die Frauen können auch viele Wunder tun, wenn sie mit den Kräften dieser Kette aufgeladen sind. Die Kette der neunten Sphäre ist wirklich wunderbar. Jedes gnostische Heiligtum kann mit der Kette der neunten Sphäre arbeiten.

Es ist erstaunlich, hellsichtig zu betrachten, wie die sexuellen Kräfte während dieses Rituals bis zum Herzen aufsteigen, indem sie sublimiert werden. Die Eingeweihten müssen in tiefer innerer Meditation sein, im Gebet zu unserem inneren Gott.

Die magischen Worte müssen mit sehr großer Hingabe ausgesprochen werden. Das ganze Ambiente sollte von Reinheit und aufrichtigem Gebet durchdrungen sein. Mit dieser Kette muss man in den gnostischen Heiligtümern arbeiten, um die inneren Kräfte des menschlichen Wesens zu entwickeln.

Die Meditation muss eine Stunde dauern. Die Mantras müssen mit wirklicher mystischer Hingabe ausgesprochen werden. Mit höchster Verehrung. Der Verstand muss sich auf den inneren Gott richten. Wir erinnern daran, dass unsere gnostischen Heiligtümer Zentren der inneren Meditation sind. Die Männer und Frauen können diese Ketten in allen Heiligtümern organisieren, mit dem Ziel, ihre höheren Fähigkeiten zu erwecken.

Es ist notwendig, die Meditation mit dem Schlaf zu kombinieren. Wir müssen daran erinnern, dass die Meditation ohne Schlaf den Verstand ruiniert und die inneren Kräfte schädigt. Wir müssen lernen, den Schlaf mit Willen hervorzurufen. So werden wir zur inneren Erleuchtung gelangen. Viele Leute reisen nach Indien, um Weisheit zu suchen. Es tut Not zu wissen, dass in Mexiko alle Schätze der antiken Weisheit verborgen sind.

Der Meister

Letzte Notiz

Sie haben nun bereits diese Lektion studiert. Wir erwarten jetzt Ihren Brief. Würden Sie gerne hier, in diesem Heiligtum, mit uns eine Kette der neunten Sphäre organisieren?

Wie verstehen Sie diese magische Kette?

Wie verstehen Sie die innere Meditation?

Welche Effekte wird in Ihnen diese magische Kette hervorrufen?

Wir erwarten ihren Brief.

Monografie Nr.21

Jesod. Die Neunte Sphäre

Wir sind heute beim Arkanum 9 angelangt, dem Eremiten des Tarot, dem Sephirot Jesod. Dieser Sephirot ist die ätherische Welt, das Paradies der Bibel. Der genannte Sephirot wird vom Mond regiert. Der Herrscher über das Paradies ist der Herr Jehova. Es stellt sich als interessant heraus, zu wissen, dass das Paradies von den positiven Strahlen des Mondes beherrscht wird, während der Abgrund den Befehlen des negativen Strahls dieses Satelliten gehorcht.

Im Paradies leben die Elohim, im Abgrund die schrecklichen und perversen Luzifere. Im Paradies gibt es die unschuldigen Elementarwesen des Feuers, der Luft, des Wassers und der Erde. Im Abgrund gibt es die Dämonen. Da haben wir das Gegensatzpaar der Philosophie.

Es erweist sich als interessant zu wissen, dass der Mond zwei esoterische Phasen hat: Das Paradies und den Abgrund. Die Bibel sagt, dass Gott in den Osten des Paradieses zwei Cherubime und ein flammendes Schwert stellte, das sich bedrohlich bewegt und den Weg zum Baum des Lebens bewacht. Es ist auch sehr gewiss, dass der Abgrund seine düsteren Wächter hat. Wenn ein Bewohner des Paradieses die Samenflüssigkeit ejakuliert, dann sinkt das sexuelle Feuer oder Pfingstfeuer, das unter den Orientalen Kundalini genannt wird, durch den Rückenmarkskanal hinab und verschließt sich in der Kirche von Ephesus oder dem Steißbeinchakra. Das Ergebnis ist der Tod des paradiesischen Menschen. Dieser tritt tatsächlich in die infraatomaren Regionen der Luzifere (den Abgrund) ein.

Im Paradies gibt es die Fortpflanzung ohne die Notwendigkeit, den Samen zu vergießen. Der Same tritt in die Gebärmutter ein, ohne die Notwenigkeit, den Samen dabei zu vergießen. Die vielzähligen Kombinationen der unendlichen Substanz sind wundervoll.

Es ist nötig, zuzugeben, dass die aktuelle Menschheit luziferisch und pervers ist. Jeder Luzifer ist intellektuell und unzüchtig. Jeder geübte Hellseher kann diese Aussage bestätigen. Wir greifen nicht den Intellekt an. Wenn sich dieser in den Dienst des inneren Gottes stellt, ist er engelhaft. Die Luzifere haben Funken sprühende Intellekte, die im Dienst des Satans stehen.

Das Paradies ist die Sammelstätte aller sexuellen Kräfte der Natur. Im Paradies leben die Elohim, die die lunaren Kräfte beherrschen, die mit der Fortpflanzung der lebendigen Spezies verbunden sind. Wenn eine Frau bei der Geburt eines Kindes stirbt, verliert die sich reinkarnierende Seele eine Gelegenheit. Dennoch ist das Scheitern wirklich nur scheinbar, denn in Wirklichkeit wurde ein geheimes Werk absolut vollständig ausgeführt, das können die großen erleuchteten Mystiker während der Ekstase feststellen.

Im Nationalmuseum vom Mexiko City gibt es zurzeit eine Skulptur von Cihuapipiltin, der Göttin des Westens und der Frauen, die beim Gebären eines Kindes starben. Diese Göttin ist wirklich ein Großer Meister der Weißen Loge, der auf der ätherischen Ebene lebt (im Paradies). Besagter Meister arbeitet mit diesen armen Frauen, die bei der Geburt sterben. Der Tod der Entbindenden stellt sich in den höheren Welten im Einklang mit den Gesetzen des Karmas (auch wenn es unglaublich erscheinen mag) als ein perfektes Werk dar. Die Frucht dieses Schmerzes ist großartig in den inneren Welten. Die bei der Geburt verstorbene Seele erscheint dem Hellsichtigen mit dem Kind in ihren Armen. Das Gesetz des Karmas legt diese Todesart zum Wohl der Seelen fest, die sie brauchen. Das Gesetz ist Gesetz und dieses wird erfüllt.

Die religiösen Menschen wissen, dass es eine Jungfrau gibt, die die Unbefleckte Empfängnis genannt wird. Jeder erleuchtete Mystiker weiß genau, dass sie im Paradies lebt und mit den unbefleckten Empfängnissen des Heiligen Geistes arbeitet. Wenn eine Empfängnis ohne Vergießen der Samenflüssigkeit ausgeführt wird, ist es eine des Heiligen Geistes. Die besagte Art von Empfängnissen steht unter der Aufsicht und Leitung der Unbefleckten. Wir machen darauf aufmerksam, dass die erwähnte Jungfrau nicht die hebräische Maria ist. In Wirklichkeit ist die Unbefleckte Empfängnis eine Frau, die den esoterischen Grad der Jungfrau erreicht hat.

Es gibt viele ähnliche Frauen, wahre lebende Buddhas. Frauen, die die fünfte Einweihung erreicht haben. Es genügt uns, an die Jungfrau des Meeres zu erinnern (die Mutter von Jesus), die elftausend Jungfrauen der Inkas, die Jungfrauen der Sterne, die Jungfrau des Gesetzes usw. All diese Frauen sind lebende Buddhas. Frauen, die die fünfte Einweihung in die höheren Mysterien erreicht haben. Der höchste Grad, den eine Frau erreicht, ist der der Jungfrau.

Der höchste Grad, den ein Mann erreicht, ist der des Christus. Die Jungfrau, die auf das Nirvana verzichtet und als Mann wiedergeboren wird, um für die Menschheit zu arbeiten, erhebt sich zum Grad des Christus.

Der Sephirot Jesod ist der Stein der Weisen der Alchemisten, der kubische Stein von Jesod, der geheimnisvolle Stein Hamforasep der Hebräer. (Die Sexualität) Jesod ist in den Sexualorganen. Jesus sagt zu Petrus: *Du bist Petrus, du bist Stein, und auf diesem Stein werde ich meine Kirche bauen und die Tore der Hölle werden nichts gegen sie ausrichten können.*

Niemand kann den Inneren Christus inkarnieren, ohne zuvor den Tempel auf dem lebendigen Stein (der Sexualität) errichtet zu haben.

Wir müssen die sieben Säulen des Tempels der Weisheit errichten. Auf jeder der sieben Säulen des Tempels ist mit feurigen Buchstaben das Wort INRI geschrieben.

Nur mit der sexuellen Magie entwickeln sich sieben Grade der Macht des Feuers.

Die Mysterien der Sexualität enthalten den Schlüssel aller Macht. Alles was ins Leben tritt, ist ein Kind der Sexualität.

Unter den Azteken führte man den heiligen Tanz der zwölf Cihuateos aus, der Frauen, die bei der Geburt gestorben sind, rings um den roten Quetzalcoatl und den Schwarzen Quetzalcoatl. Cihualpipiltin ist der helfende Meister für diese armen entbindenden Frauen. Ruft ihn an, Frauen, wenn ihr ihn braucht und ihr werdet augenblicklich Hilfe erhalten.

In der aztekischen Engelwelt gibt es noch eine andere Geburtsgöttin, die Tlasolteotl genannt wird. Diese aztekischen Göttinnen und Götter sind Engel des Christus, rein und perfekt.

Tlasolteotl, die Göttin der Entbindung, ist ein Großer Meister der Weißen Loge, der, wenn er hellsichtig betrachtet wird, wie ein hübscher Jugendlicher voller Lebendigkeit aussieht. Der Meister Tlasolteotl benutzt immer einen schönen Umhang von blauer Farbe und sein Gesicht strahlt in der rosigen Farbe des Sonnenaufgangs.

Tlasolteotl ist der Anführer einer Gruppe von Engeln, die intensiv dafür arbeiten, den Frauen bei der Geburt zu helfen. Tlasolteotl kontrolliert die Wasser des universellen Lebens. Tlasolteotl kontrolliert das Fruchtwasser, in dem der Fötus sich bildet. Tlasolteotl kontrolliert alle weiblichen Organe, die mit der Schwangerschaft verbunden sind, und kann deshalb die Wasser fallen lassen, den Mechanismus gewisser Organe lenken und die Gesetze manipulieren, die die Mechanik der natürlichen Geburt bestimmen.

Tlasolteotl lebt im Paradies (die ätherische Ebene oder Region der Magnetfelder der Natur). Jede Mutter kann den Meister Tlasolteotl im kritischen Moment der Geburt anrufen. *Bittet und es wird euch gegeben werden, klopfet und es wird euch aufgetan.*

Im Paradies sind die Berge blau und durchscheinend wie Glas. Die sublime Schönheit des Paradieses hat eben diese göttliche blaue Farbe. Wer in das Paradies eintreten möchte, muss zuvor die Hochzeitsgewänder der Seele erhalten haben. Diesen Gewändern gibt man den Namen „Soma Puchikon“. Die besagten Gewänder sind ein organisierter Körper aus ätherischem Material. Wenn der Hellsichtige diesen ätherischen Organismus untersucht, kann er feststellen, dass er durchsichtig wie Glas ist. Er erscheint wie ein schönes unschuldiges Mädchen.

Es ist nötig, zu wissen, dass das Soma Puchikon vom Mond beherrscht wird. Wer diesen Körper besitzt, wird mit ihm alle Abteilungen des Reiches besuchen können. Wir haben das Paradies durch die Pforte der Sexualität verlassen. Nur durch diese enge, schmale und schwierige Pforte können wir in das Paradies zurückkehren. Das Paradies ist die Sexualität selbst.

Die Düfte und die Sandalen sind Symbole von Jesod. Wir müssen die beiden Bäume des Paradieses studieren. Dies sind der Baum der Wissenschaft von Gut und Böse und der Baum des Lebens (die zehn Sephirote). Beide Bäume teilen sogar die gleichen Wurzeln. Jene, die kranke Sexualorgane haben, müssen Tlasolteotl anrufen, damit er ihnen helfe. Man kann auch mit dem Herzen und dem Verstand den Engel Cihuapipiltin anrufen.

Es ist notwendig, zu erklären, dass während der Übung der Sexualmagie die drei Elemente des reinen Akashas, welche durch die brahmanische Schnur hinabsteigen, durch den Willen vollständig gestärkt werden. Wenn das geschieht, werden diese drei Kräfte zu einer außerordentlich gewalttätigen und explosiven Kraft, die uns in Engel oder lebendige Teufel verwandeln kann.

Wenn der Magier während der Praxis der Sexualmagie den Fehler begeht, den Samen zu vergießen, dann gehen Millionen solarer Atome verloren, die durch Millionen satanischer Atome ersetzt werden. Diese werden durch die peristaltischen Bewegungen (Kontraktionsbewegungen) der Sexualorgane nach dem Koitus aufgenommen.

Die genannten bösartigen Atome verseuchen die brahmanische Schnur und später versuchen sie bis zum Gehirn aufzusteigen, aber die drei Kräfte des reinen Akashas, die durch den Willen gestärkt wurden, halten den Aufstieg der genannten Atome auf und schleudern sie mit Gewalt nach unten, in Richtung der atomaren Höllen des Menschen. Wenn das geschieht, stoßen die dunklen Atome heftig gegen den König der bösartigen Atome in unserem Organismus, welcher im Steißbein lebt. Dieses Atom ist wirklich ein extrem gefährlicher schwarzer Gott.

Normalerweise wohnt er im Steißbein und wartet immer auf eine Gelegenheit, um sich des Feuers der Kundalini zu bemächtigen und es nach unten zu lenken. Durch den Samenausstoß während der Sexualmagie bekommt der atomische König der Finsternis die erwartete Gelegenheit und voll großer Kraft, die er dann hat, erweckt er die feurige Schlange unserer magischen Kräfte und richtet sie nach unten. Auf diese Weise formt sich der Teufelsschwanz bei den Dämonen.

Wenn das geschieht, entstehen die Hörner an der Stirne des Astralkörpers. Wer so hinabsteigt, wer einen solchen Grad von Degeneration erreicht, verliert seinen göttlichen Geist und versinkt im Abgrund. Das sind die Verlorenen, die Seelenlosen, jene, die den zweiten Tod erleiden. In den Abgründen zerfallen sie langsam, bis sie sich in kosmischen Staub verwandelt haben.

Es gibt eine Menge Schulen der schwarzen Magie, viele von ihnen mit sehr ehrwürdigen Traditionen, die die Sexualmagie mit Ausstoß des Samens lehren. Sie haben wunderschöne Theorien, die anziehen und fesseln, und wenn der Student auf diesen verführerischen und köstlichen Betrug hereinfällt, verwandelt er sich in einen schwarzen Magier. Diese schwarzen Schulen verbreiten in alle Richtungen, dass sie weiß sind und deshalb fallen die Einfältigen darauf herein. Außerdem sprechen diese Schulen Schönes über die Liebe, die Nächstenliebe, Weisheit usw., usw. Natürlich gelangt unter solchen Umständen der einfältige Schüler zu der festen Annahme, dass es in den genannten Institutionen nichts Schlechtes und Perverses gibt. Erinnere dich daran, lieber Schüler, dass der Abgrund voll von getäuschten Aufrichtigen und Menschen mit sehr guten Absichten ist.

Erklärung

Die brahmanische Schnur ist der zentrale Rückenmarkskanal mit den beiden Zeugen der Apokalypse. Diese sind die zwei halbätherischen, halbphysischen Schnüre, die die Sexualorgane mit dem Gehirn verbinden. Durch diese steigen die solaren und lunaren Atome zum Gehirn auf.

Die Zeugen winden sich spiralförmig um die Wirbelsäule und bilden mit dieser den berühmten Merkurstab. Somit sind der Merkurstab und die brahmanische Schnur der Orientalen die gleiche Sache.

Die neunte Sphäre (Jesod)

Auf dem Einweihungsweg gibt es viele esoterische Prüfungen. Man muss die Prüfung des Hüters der Schwelle auf den drei Ebenen bestehen: astral, mental und kausal. Man muss die Prüfungen des Feuers, der Luft, des Wassers und der Erde bestehen, man muss die Prüfung der Gerechtigkeit bestehen usw., doch all diese Prüfungen, so hart und schwer sie auch erscheinen mögen, sind leicht und schnell vorbei im Vergleich mit der schrecklichen und furchtbaren Prüfung der neunten Sphäre (der Sexualität). Der Abstieg in die neunte Sphäre war schon immer die größte Prüfung für die höchste Würde des Hohenpriesters. Hermes, Buddha, Jesus, Quetzalcoatl, Krishna usw. mussten in die neunte Sphäre hinuntersteigen. Diese ist die Sexualität. Viele treten in die neunte Sphäre ein, aber wenige verlassen sie siegreich. Es gibt schreckliche Versuchungen und Millionen von schwarzen Schulen, die weiß angemalt sind, und die voller Wölfe im Schafspelz sind, die den

Studenten Systeme der Sexualmagie mit dem Ausstoß des Samens lehren. Diese Schulen sprechen nur von sublimen Dingen und der Schüler, der sich von diesem goldenen Betrug verführen lässt, stürzt in den Abgrund des Verderbens.

Die größte Prüfung der neunten Sphäre ist sehr lang und verführerisch. Diese Prüfung dauert an, bis der Student die vollständige Verwirklichung erreicht; alles hängt von der Anstrengung des Studenten ab. Wer in die neunte Sphäre eintritt und treu bis zum Tode ist, verwandelt sich in einen lebendigen Christus. Es ist selten, jemanden im Leben zu treffen, der siegreich aus der neunten Sphäre hervorgeht. Viele beginnen, aber selten findet man jemanden, der ankommt.

Monografie Nr.22
Malkuth

Wir sind bei unserer letzten Lektion angekommen. Wenn der Schüler sein ganzes Leben lang ohne jemals zu ermüden diesen Kurs mit 22 Lektionen übt, wird er in den höheren Welten als ein Meister der Weißen Loge geboren werden.

Die Menschheit entwickelt sich in zwei Zirkeln. Dies sind der Exoterische oder öffentliche und der esoterische oder okkulte.

Der exoterische Zirkel ist der Zirkel der Massen und der esoterische Zirkel ist der der göttlichen Menschheit, der der Meister der Weißen Loge. In der physischen Welt gibt es sehr viele pseudospirituelle, pseudoesoterische und pseudo-okkultistische Schulen, Logen, Orden und Gesellschaften. Es kursiert auch allenthalben reichlich Literatur über Yoga, Okkultismus usw.

All diese pseudoesoterische Literatur und all diese Schulen bilden ein echtes Labyrinth von widersprüchlichen Theorien. Schulen, die sich bekämpfen, pseudoesoterische Autoren, die die Anwärter verwirren und vom Weg abbringen.

Es ist sehr schwierig für die Gläubigen, den Weg zu finden, der sie bis zum esoterischen Zirkel führen kann. Gewöhnlich vergeudet der Anwärter sein ganzes Leben damit, hier und dort zu suchen, zu vergleichen usw.. Das ist ein sehr schwerer Wettbewerb, bei dem sehr wenige es schaffen, glänzend abzuschneiden. Wenn der Anwärter den wahren Weg findet: Den Weg auf des Messers Schneide muss er standhaft bleiben, bis er das Ziel erreicht. Jedoch ist es gut zu wissen, dass viele, die den wahren Weg gefunden haben, ihn verließen, weil sie nicht reif genug waren.

Die physische Welt ist das Tal der Bitternisse, das Reich von Malkuth, das Reich des Samsara. Das Rad des Samsara dreht sich unablässig und das Ego kommt und geht, stirbt und verkörpert sich wieder, immer leidend, immer suchend, ohne zu finden. Das Arkanum 10, das Rad der Vergütung, ist schrecklich, und die ganze Welt ist von diesem fatalen Rad der Jahrhunderte versklavt.

Vorangegangene Runden

In der ersten Runde wurde unsere Erde mit Materie aus der mentalen Ebene erschaffen. In der zweiten Runde verdichtete sich unsere Erde in der Substanz der Astralebene. In der dritten Runde verdichtete sich unsere Erde in ätherischer Form und in der aktuellen vierten Runde kristallisierte die Erde in physischer und chemischer Form.

Es ist dringend nötig, dass wir wissen, dass die chemisch-physische Erde unter den Gesetzen des planetarischen Karmas evolutioniert.

Vorangegangene Evolutionen

In der ersten Runde waren die Evolutionen sehr schwach, ebenso in der zweiten und dritten Runde. Das Feuer hat wirklich sehr wenig Ertrag in diesen drei vorangegangenen Runden eingebracht. Das Ergebnis haben wir in dieser vierten Runde, in der wir leben, vor Augen. Der luziferische Mensch dieser vierten Runde ist entsetzlich. Das wenig entwickelte planetarische Feuer, das mit planetarischem Karma überladen ist, wegen des schwachen Ertrags der vorangegangenen planetarischen Runden hat in unserer physischen Welt eine langsame, dichte, schreckliche Evolution hervorgebracht.

Zukünftige Runden

Die zukünftige fünfte Runde wird sich in der ätherischen Welt entwickeln. Die Sechste in der Astralwelt und die Siebte in der Mentalwelt. Danach wird die große kosmische Nacht kommen. Die zukünftigen drei Runden werden aufgrund des planetarischen Karmas wenig Ertrag bringen.

Das Reich von Malkuth

Die Götter der Natur haben sehr sehr viel dafür gearbeitet, bewusste Wesen zu erschaffen. Die Götter mussten schwierige Experimente im Laboratorium der Natur machen. Aus diesen Versuchskanälen des großen Laboratoriums kamen verschiedene Tierformen heraus, einige mit dem Vorsatz, ein Material für die Erschaffung des Menschen zu bearbeiten, andere als ausgemusterte halbmenschliche Wesen und andere als wirkliche menschliche Fehlschläge.

Wirklich, alle Tiere stammen vom Menschen ab. Alle Tiere dieses Reichs von Malkuth charakterisieren irgendeinen Aspekt des Menschen. Alle Tiere sind echte Karikaturen des menschlichen Wesens.

Jedoch ist es gut zu wissen, dass das Kämpfen der Götter um die Erschaffung des Menschen nicht aufgehört hat. Noch immer lässt das menschliche Wesen oder der sogenannte Mensch viel zu wünschen übrig, was in den zoologischen Gärten der Zukunft landen wird.

Wir müssen wissen, dass das Reale das Sein ist, das Innerste, der Geist. Doch gibt es außerdem in uns einen Faktor der Zwietracht. Dies ist das Ich, das Ego, das Ich selbst. Es stellt sich als interessant heraus zu verstehen, dass das Ich vielzählig ist. Das Ich besteht aus vielen Ichs, die miteinander streiten und um die Kontrolle über die menschliche Persönlichkeit kämpfen.

Diese Ichs sind drei, sieben und eine Legion. Die drei Grundlegenden sind: der Dämon des Wunsches, der Dämon des Verstandes und der Dämon des schlechten Willens. Die Sieben sind die sieben Hauptsünden: Zorn, Habgier, Lüsternheit, Neid, Stolz, Faulheit und Gefräßigkeit. Die Legion besteht aus all den Tausenden von zweitrangigen Sünden.

Die Drei und die Sieben und die Legion sind kleine Ichs, tierische Elementarwesen, die vom Verstand erschaffen wurden. Diese tierischen Elementarwesen sind die Feinde, die im Inneren unseres eigenen Hauses leben. Diese tierischen Elementarwesen leben innerhalb des Reiches unserer Seele, sie ernähren sich von den niedrigen Substanzen unserer tierischen niederen Wesensart. Das Schlimmste ist, dass diese tierischen Elementarwesen einen Teil unseres Bewusstseins gestohlen haben.

Das zeigen sie in den folgenden Aussagen: Ich bin zornig, ich begehre, ich wünsche, ich bin neidisch usw., usw.

Das wahre Sein ist der Geist und dieser ist noch nicht in den Menschen eingetreten, weil das Ich das Reich der Seele eingenommen hat. In Wirklichkeit haben sich weder die Seele noch der Geist im Menschen inkarniert.

Der Mensch, der sogenannte Mensch, ist noch immer eine Möglichkeit. Noch ist der wahre Mensch erst in einem Entstehungsprozess. Viele Exemplare der aktuellen menschlichen Rassen werden sich in den zoologischen Gärten der Zukunft befinden. Vieles, was wir an Tierischem in uns haben, muss mit dem Ziel beseitigt werden, den eigentlichen menschlichen Zustand zu erreichen, welcher bis jetzt nur eine Möglichkeit ist.

Wenn wir mit all unseren Sünden Schluss machen, löst sich das Ich auf. Wenn sich das Ich auflöst, inkarnieren sich die Seele und der Geist des Menschen; dann sind wir wirklich Menschen im vollständigsten Sinne des Wortes.

Wenn der Tod kommt, ist das Einzige, was fortbesteht, das Ich, die Legion des Ichs. Das Ego oder Ich reinkarniert sich, um die Wünsche zu befriedigen. Der Tod ist die Rückkehr zur Empfängnis, das ist das Rad des Arkanums 10. Der wahre Mensch, jener, der seine Seele und seinen Geist inkarniert hat, lebt vollständig nach dem Tod in seinem Astralkörper, er erfreut sich in den inneren Welten des Bewusstseins und der objektiven Wahrnehmung.

Das Phantasma von jenen, die das Ich noch nicht aufgelöst haben und die Seele und den Geist nicht inkarniert haben, lebt in den inneren Welten mit eingeschlafenem Bewusstsein, es hat nur subjektives Bewusstsein und Wahrnehmungen. Wer sich aus dem verhängnisvollen Rad des Samsara befreien möchte, muss das Ich auflösen und seine Seele inkarnieren.

Diese Arbeit ist sehr sehr schwierig und es gibt sehr wenige, die dies erreichen. Das Reich von Malkuth ist wirklich ein schrecklicher Filter. Das Ausgefilterte ist das gewöhnliche und gängige und es wird vom Abgrund verschlungen. Das Gold, das Auserwählte, der wahre Mensch, der Engel, ist der Plan, und der Kampf ist wirklich schrecklich.

Die Natur ist unbarmherzig und die Geburt eines Engelmenschen kostet Tausende oder besser gesagt, Millionen Opfer. *Viele sind gerufen, aber wenige auserwählt.*

Christus sagte: *Von Tausend, die mich suchen, findet mich einer, von Tausend, die mich finden, folgt mir einer, von Tausend, die mir folgen, ist einer mein.* Das ist die Tragödie des Arkanums 10 der Kabbala.

Der Ursprung des Menschen

Jene, die behaupten, dass der Mensch vom Affen abstammt, sind völlig auf dem Irrweg. In Wirklichkeit ist es der Affe, der vom Menschen abstammt. Die Umformung der Spezies und die darwinistische Evolution sind falsch. Niemand hat eine neue Spezies entstehen sehen, niemand hat je gesehen, dass in einer Affenfamilie ein Mensch zur Welt kam.

Die vergleichende Anatomie wird missbraucht, das Gesetz der Analogien wird missbraucht, um falsche Annahmen zu dokumentieren. Jedoch hat niemand je eine neue Spezies hervorgehen sehen. Es sind wirklich alle Spezies, mir ganz wenigen Ausnahmen, lebendige Abfallprodukte des Menschenreiches.

Kurioses Beispiel

Auch wenn es unglaublich erscheinen mag, ist der Esel unter vielen anderen ein Tier mit menschlichem Ursprung. Es wurde viel über den berühmten Esel von Apuleius gesprochen, von Jesus, der in Jerusalem auf dem Rücken eines Esels einzog usw.

Immer werden die niederen Leidenschaften und das Fehlen von Intelligenz mit der Figur des armen Esels assoziiert. Wenn wir in den Erinnerungen des großen Buches der Natur nachforschen, entdecken wir mit Erstaunen den Ursprung besagten Tieres.

In der Anfangszeit Lemuriens gab es auf diesem Kontinent einen Stamm riesiger monströser schwarzer Giganten. Jeder Einzelne des genannten barbarischen Stammes hatte eine Statur von sechs bis acht Metern.

Diese Individuen waren echte korpulente und schreckliche Monster; diese Subjekte sind aus den Versuchsröhren des großen Laboratoriums der Natur als ein Versuch, um den Menschen zu erschaffen, hervorgegangen. Besagter Versuch war ein wahrer Fehlschlag der Natur. Jene Individuen waren bestialisch und mischten sich sexuell mit gewissen vorsintflutlichen Monstern.

Aus dieser Mischung ging eine Spezies schimpansenartiger Monster hervor. Diese vermischten sich ihrerseits mit anderen Bestien und als Endergebnis entstand nach vielen Tausenden von Jahren der primitive Esel, von dem der heutige Esel abstammt.

Wir treffen gerade Aussagen, die den fanatischen Anhängern der Theorien missfallen, die auf dem Dogma der Evolution aufbauen, jedoch ist es wirklich gewiss, dass es in der Natur gleichzeitig Prozesse der Evolution und der Involution gibt, der Schöpfung und der Zerstörung. Die Natur enthält alle Möglichkeiten, auch die Allerfinstersten. Natur ist Natur.

Ameisen und Bienen

Wenn wir einen Bienenstock oder einen Ameisenhaufen untersuchen, erstaunen uns zwei Dinge: erstens die furchtbare Logik, die absolute Exaktheit und die wunderbare Ordnung dieser kommunistischen Gesellschaften marxistischer Art, zweitens die fehlende individuelle Intelligenz dieser kommunistischen Kreaturen.

Diese Gesellschaften der Bienen und Ameisen sind wirklich kommunistischer Ausprägung. Wenn ein geübter Hellseher sorgsam diese Tiere erforscht, kann er zu seinem Erstaunen entdecken, dass es die physischen Körper von Wesen sind, die in allen Traditionen und Folkloregeschichten der antiken Menschheit vorkommen. Es sind die Titanen oder primitiven Genien, gefallene Engel usw. die vor dem Auftauchen der ersten menschlichen Rasse auf der Erde existierten.

Es ist klar, dass sie mit einer enormen intellektuellen Anstrengung kommunistische Staaten gründen mussten und das auf der Grundlage entsetzlicher Diktaturen.

Es ist ebenfalls sicher, dass sie alle Religionen bekämpften und sich ausschließlich vornahmen, das Individuum in einen Automaten im Rad einer großen sozialen Maschinerie zu verwandeln. Auf diese Weise wollten diese Gesellschaften eine Evolution erzielen. Das Ergebnis war verhängnisvoll. Die Einzelnen verloren die individuelle Initiative.

Die soziale Mechanik wurde schnell und streng. Die Intelligenz verkümmerte in den Einzelnen und die Vererbung übernahm es, den Nachkommen diesen Automatismus, diese soziale Mechanik weiterzuvermitteln, für welche die Intelligenz nicht mehr gebraucht wurde, außerdem überflüssig war und sich sogar als schädlich erweisen konnte.

Es ist dringend nötig, zu wissen, dass im Lauf von Millionen von Jahren diese vormenschlichen Gesellschaften immer weiter an Größe verloren und sich immer mehr degenerierten, jedoch diese unabsichtlichen automatischen Bewegungen ihrer sozialen Mechanik durch die Vererbung immer erhalten blieben. Das ist also der Ursprung von Bienen und Ameisen. Das ist die Gefahr des Kommunismus.

Die Natur möchte selbst-bewusste Individuen hervorbringen und nicht automatisierte. Der Verlust der individuellen Initiative führt zum Automatismus und zum Verlust der Intelligenz.

Wir dürfen uns nicht über die kleinen Körper der Bienen und Ameisen wundern.

Herodot und Plinius erinnern uns in ihren Geschichtsbüchern an die Legenden von den Riesenameisen des Tibet. Wir erinnern auch daran, dass die Echse ein Zwergkrokodil ist. Somit ist in der Natur die Verkleinerung etwas völlig Normales. Der aktuelle Mensch stammt von den vorsintflutlichen Riesen ab.

Menschliche Rassen

Malkuth ist das Reich, Malkuth ist der zehnte Sephirot der Kabbala. Die ätherische Erde verdichtete sich zuerst in elementarer Form und später in physischer Form. Es gibt das elementare Feuer, die elementare Luft, das elementare Wasser und die elementare Erde der Weisen. Diese vier Reiche verdichten sich physisch durch das Salz. Das Salz ist das große Mittel des Mondes. Das strahlende Salz erlaubt die

Verdichtung des Feuers. Das flüchtige Salz erlaubt die Verdichtung der elementaren Luft. Das flüssige Salz erlaubt die Verdichtung des Wassers. Das physische Salz erlaubt die Verdichtung der elementaren Erde. Somit ist es möglich, dass sich durch das Salz die vier elementaren Reiche zu physischer Form verdichten können. So geschah es, dass unsere physische Welt geboren wurde. Leider wurde sie von Karma beladen geboren.

Der Regent von Malkuth ist Changam, er ist der Genius der Erde. Jeder Planet bringt sieben Rassen hervor, unsere Erde, die durch große Katastrophen geformt wurde, wird sich nach Millionen von Jahren in einen neuen Mond verwandeln. All das involutionierende Leben der Erde kam vom Mond. Als das große Leben den Mond verließ, starb er, er verwandelte sich in eine Wüste. Auf dem Mond existierten sieben große Rassen. Die lunare Seele, das lunare Leben, durchläuft jetzt die Involution und Evolution auf unserer aktuellen Erde. Auf diese Weise reinkarnieren sich die Welten.

Die Azteken sagten, dass die Menschen der ersten Rasse von den Tigern verschlungen wurden und dass die der zweiten Rasse zu Affen wurden, und dass die der Dritten Vögel wurden und die von der Vierten sich in Fische verwandelten. Wir sagen, dass sich die Menschen der aktuellen fünften Rasse in Zicklein verwandeln werden. Augenblicklich befinden wir uns in der fünften Rasse, der sechsten Unterrasse, in der vierten planetarischen Runde.

Die erste Rasse war riesig und von schwarzer Farbe. Jedoch war sie sehr zivilisiert. Sie war eine androgyne, asexuelle, semiphysische, semiätherische Rasse.

Die Individuen konnten ihre Größe auf die Größe einer normalen Person der aktuellen arischen Rasse verkleinern. Die Rituale und die Weisheit der ersten Rasse waren wunderbar. Die Tempel und Bauwerke waren eindrucksvoll. Die Barbarei gab es in jener Epoche nicht. Jene göttliche Rasse wurde von den Tigern der Weisheit verschlungen. Der Regent dieser Rasse war der aztekische Gott Tezcatlipoca. Jeder Einzelne war ein wahrer Meister der Weisheit.

Die Fortpflanzung fand durch einen Teilungsakt statt, der der Vermehrung der organischen Zellen durch den Prozess der Zellteilung ähnlich ist. Auf diese Weise teilte sich der Vater-Mutter-Organismus in zwei Teile. Das androgyne Kind blieb einige Zeit angewiesen auf das Vater-Mutter-Wesen.

Die erste Rasse lebte auf der heiligen Insel, die auf der nördlichen Polarkappe lag. Diese Insel existiert immer noch im Jinas-Zustand.

Die zweite Rasse wurde vom aztekischen Gott Quetzalcoatl regiert. Das war die hyperboräische Menschheit. Die Degenerierten der zweiten Rasse waren die Affen, die Vorfahren der heutigen Affen. Diese Rasse pflanzte sich durch den Prozess der Sprossung fort, der bei den Pflanzen so häufig ist. Aus jedem Stamm wachsen viele Äste.

Die dritte Rasse wurde durch die Sonne des Feuerregens (Vulkane und Erdbeben) dahingerafft. Das war die lemurische Rasse, welche vom aztekischen Gott Tlaloc regiert wurde. Diese Rasse war hermaphroditisch und pflanzte sich durch das System der Knospung fort. Lemurien war ein sehr ausgedehnter Kontinent, der im Pazifischen Ozean lag.

Die lemurischen Menschen, die sich degenerierten, hatten danach vogelähnliche Gesichter. Deshalb tragen die Wilden als Erinnerung an diese Tradition Federn als Kopfschmuck. Die Menschen der vierten Rasse waren die Atlanter. Diese Rasse lebte auf dem Kontinent von Atlantis, der im Atlantischen Ozean lag.

Die Wissenschaft hat es schon beweisen können, dass es auf dem Grunde des Atlantischen Ozeans einen versunkenen Kontinent gibt.

Die atlantische Rasse wurde vom aztekischen Gott Atonatiuh regiert. Besagte Rasse endete mit einer großen Überschwemmung. Die präkolumbianischen Stämme Amerikas sind Nachkommen dieser Rasse, ebenso das Urvolk der Chinesen und das Urvolk der Ägypter usw.

Das Feuer

Die Natur ist eine lebendige Schrift des Feuers. Es gibt das steinerne Feuer, das flüssige Feuer, das gasförmige Feuer, das jungfräuliche Feuer. Verehren wir die Götter des Feuers.

Es ist notwendig, als Engel geboren zu werden und das ist nur möglich, indem man Sexualmagie übt. Von nichts kommt nichts. Das können wir in den vier Reichen der Natur feststellen. So wird der Meister geboren, der Engel im Menschen.

Es ist dringend nötig, das Feuer zu verehren, die Flamme anzubeten. Es gibt Substanzen, die einen Bezug zum Feuerkult haben.

Die Muscheln des Meeres sind für den Feuerkult wundervoll. Die weißen Muscheln versinnbildlichen den reinen Geist. Die schwarzen Muscheln versinnbildlichen den Fall des Geistes in die Materie. Die roten Muscheln symbolisieren das Feuer, durch das wir zum großen Licht zurückkehren können.

Heilige Formel

Man pulverisiere schwarze, rote und weiße Muscheln. Dieses aztekische Räucherwerk benutzt man für den Feuerkult. Diese Pulver sind das perfekte Räucherwerk für den Feuerkult. Wenn diese Pulver in die Glut glimmender Kohle geworfen werden, spricht man die Mantras: IN-EM.

Dann beten wir zum Heiligen Geist mit Gebeten, die aus unserem Herzen kommen und so werden wir mit dem heiligen Feuer erleuchtet. Führt diesen Kult täglich in euren Häusern und in euren Heiligtümern bei Sonnenaufgang aus.

Die Azteken führten diesen Kult im Tempel von Quetzalcoatl in Teotihuacan bei Sonnenaufgang aus. Jonas, der biblische Prophet, praktizierte diesen Ritus ebenfalls und benutzte das gleiche aztekische Räucherwerk. Die alten aztekischen Priester benutzten für die Ausführung dieses Feuerritus als heilige Gewänder Tuniken, die aus roten, schwarzen und weißen Fäden gewebt waren, und bedeckten ihr Gesicht mit ähnlichen Umhängen.

Die Muscheln waren im Wasser und dies ist wirklich die Wohnstätte des heiligen Feuers. Die Muscheln und das Feuer sind auf innige Weise miteinander verbunden. Wir müssen die Studenten dieses Kurses darauf hinweisen, dass für diesen Ritus nur die Muscheln des Meeres brauchbar sind.

Dieses Räucherwerk muss von gnostischen Schwestern hergestellt werden, ausschließlich von Frauen. Das Pulver der Muscheln soll in pflanzliche Blätter eingeschlagen werden und damit werden kleine dreieckige Pakete geformt.

Der Heilige Geist ist das Heilige Feuer. Wir müssen die Macht des Feuers in unser inneres Universum aufnehmen.

Symbole

Die Symbole des Sephirot Malkuth sind zwei Altäre, das gleicharmige Kreuz, der magische Kreis, das Dreieck der magischen Kunst. Malkuth hat eine Verbindung mit den Füßen und dem Anus.

Synthese

Die Synthese dieses Kurses ist die Sexualmagie und die Auflösung des Ichs. Nur so verwandeln wir uns in wahre Menschen und später in Supermenschen. Nur so verwirklichen wir uns von Grund auf.

Prüfung

Schreiben Sie uns. Sagen Sie uns, wie viele Rassen die Welt haben wird, bevor sie zu einem Mond wird. Sagen Sie uns etwas über die Vorfahren der Ameisen und Bienen. Wer waren die Tigermenschen? Wer waren diejenigen, die sich in Affen verwandelten? Wer in Fische? Wer in Vögel? Wie verstehen Sie den Feuerkult? Wer ist der Genius der Erde? Wer ist das Ich? Wie verstehen Sie die Lektion?